Alfred Rauhaus

Kleine Kirchenkunde

Reformierte Kirchen von innen und außen

Mit 23 Abbildungen

Vandenhoeck & Ruprecht

Bibliografische Information der Deutschen Nationalbibliothek

Die Deutsche Nationalbibliothek verzeichnet diese Publikation in der Deutschen Nationalbibliografie; detaillierte bibliografische Daten sind im Internet über http://dnb.d-nb.de abrufbar.

ISBN 987-3-525-63374-8

Umschlagabbildung: Innenraumansicht der ev.-ref. Kirche in Uttum

© 2007, Vandenhoeck & Ruprecht GmbH & Co. KG, Göttingen /
www.v-r.de
Alle Rechte vorbehalten. Das Werk und seine Teile sind urheberrechtlich geschützt. Jede Verwertung in anderen als den gesetzlich zugelassenen Fällen bedarf der vorherigen schriftlichen Einwilligung des Verlages. Hinweis zu § 52a UrhG: Weder das Werk noch seine Teile dürfen ohne vorherige schriftliche Einwilligung des Verlages öffentlich zugänglich gemacht werden. Dies gilt auch bei einer entsprechenden Nutzung für Lehr- und Unterrichtszwecke. Printed in Germany.
Satz: Satzspiegel, Nörten-Hardenberg
Druck und Bindung: ⊕ Hubert & Co, Göttingen

Gedruckt auf alterungsbeständigem Papier.

Vorbemerkung

Kirchen sind bemerkenswerte Bauwerke. Einerseits sind sie Räume für den Gottesdienst einer christlichen Gemeinde, andererseits gehen sie in dieser Funktion nicht auf, sondern haben als bauliche Zeugnisse einer bestimmten Epoche eine eigene, kunstgeschichtlich oftmals interessante oder gar herausragende Bedeutung. Ihre Raumwirkung und ihre Ausstattung können beeindrucken und von spiritueller Kraft sein.

Die Kirche einer evangelisch-reformierten Gemeinde erweckt auf den ersten Blick einen eher schlichten Eindruck. Sie ist für den Gemeindegottesdienst konzipiert und will nicht wie die Kirchen der Romanik oder die Kathedralen der Gotik schon als Gebäude zu den Menschen sprechen. Ihre Raumwirkung löst selten das Gefühl der Erhabenheit aus. Dennoch kann eine reformierte Kirche ästhetisch ansprechend sein und zu einer verstehenden Betrachtung einladen.

Dazu gehört aber, dass man die Kirche in ihrer Konzeption zu „lesen" versteht wie ein Bild oder ein Buch. Ihr Raumkonzept und ihre Ausgestaltung sind nicht zufällig. Manches kann leicht übersehen werden, weil der Grund seines Soseins nicht auf den ersten Blick erkennbar ist.

Dieser kleine Rundgang durch eine reformierte Kirche nimmt in 38 Stationen bestimmte bauliche Erscheinungen in den Blick und macht mit ihrem geschichtlichen und funktionalen Hintergrund bekannt. Es gibt auch in einer reformierten Kirche viel zu sehen! So werden bei dieser „Kirchenführung" nicht allein die kunstgeschichtlichen, sondern vor allem auch die religiösen bzw. theologischen Zusammenhänge aufgezeigt, deretwegen ein bestimmtes bauliches Element so und nicht anders gestaltet ist.

Die 38 Abschnitte dieser Kirchenkunde setzen kein kunstgeschichtliches oder theologisches Vorwissen voraus. Sie wurden zuerst für das „Sonntagsblatt für evangelisch-reformierte Gemeinden" und damit für einen breiten Kreis von Menschen geschrieben, die zu einem Gottesdienst oder als Touristen eine Kirche betreten und sie mit sehenden Augen betrachten und verstehen wollen.

Übrigens: fast alles, was in diesem Rundgang durch eine reformierte Kirche näher betrachtet wird, ist auch in einer lutherischen oder unierten Kirche zu finden; selbst eine römisch-katholische Kirche weist nur einige wenige konfessionsspezifische Eigentümlichkeiten auf. In der Gestaltung ihrer Kirchen sind die christlichen Konfessionen viel näher beieinander als man denkt. Das bewirkt die lange gemeinsame abendländische Geschichte. Wirklich konzeptionell anders gestaltet sind hingegen die von der morgenländischen Tradition bestimmten orthodoxen Kirchenräume.

Alfred Rauhaus

Inhalt

1 Das Haus 9
2 ... und sie bauten einen Turm 13
3 Hahn oder Schwan 17
4 Wem die Stunde schlägt 20
5 Eine Stimme aus Erz 23
6 Die schöne Pforte 26
7 Himmelsrichtung 30
8 Freier Eintritt? 33
9 Die Lesekanzel 36
10 Die Kerzen und der Kuss 39
11 Tischgemeinschaft 42
12 Die Kanzel 46
13 Die Kirchenbank 50
14 Die Königin 54
15 Der Klingelbeutel 59
16 Die Liedtafel 63
17 Evangelisches Andachtsbild 67
18 Der Knopf 71
19 Das Gesangbuch 74
20 Die Kanzelbibel 77
21 Die Ältestenbank 81
22 Das Kirchenfenster 85
23 Der Erntedanktisch 88
24 Das Hagioskop 91

25 Gedenktafeln 96
26 In der Kirche begraben 100
27 Der Adventskranz 104
28 Der Christbaum 107
29 Herrenböntje und Geschlechterschilde 110
30 Brennende Kerzen 114
31 Kreuz und Kruzifix 118
32 Dreisitz und Schriftaltar 122
33 Die Zehn-Gebote-Tafel 126
34 Heilige Geräte 130
35 Die Sakramentsnische 136
36 Ostern in Weiß 140
37 Christliche Bescheidenheit 143
38 Die Gemeinde 146

1 *Das Haus*

Südgiebel (Bunde)

Wie viele Kirchengebäude es auf der Welt gibt, weiß niemand zu sagen. Die christlichen Gemeinden feiern ihre Gottesdienste in mittelalterlichen Domen oder einfachen Grashütten, in prächtigen Barockbauten oder schlichten Dorfkirchen. Wenn man in einen Ort kommt und es steht eine Kirche dort, dann weiß man: Hier gibt es eine christliche Gemeinde.

Das war nicht immer so. In der frühen Zeit der Christenheit gab es keine Kirchen. Die Gemeinden waren klein. Zum Gottesdienst versammelten sie sich in Privathäusern oder unter freiem Himmel. Erst als die Gemeinden größer wurden und mehr Raum brauchten – und das Geld dafür hatten, fingen sie an, Kirchen zu bauen. Dabei orientierten sie sich nicht an dem Modell der religiösen Bauten, die es auch damals gab. Sie bauten keine Tempel, sondern eben Kirchen. Eine Kirche ist kein Tempel. Nicht nur die Bauweise ist verschieden, sondern auch der Bestimmungszweck. Ein Tempel ist das irdische Haus der Gottheit. Alle Religionen wissen, dass Gott im Himmel wohnt. Aber er hat ein Haus auf Erden, wo Menschen hingehen, ihn anrufen und seine Ankunft erwarten können. Im Tempel vollzieht sich die Begegnung zwischen Gott und den Menschen; hier ist der Schnittpunkt von Himmel und Erde.

Die Christenheit hat keine Tempel gebaut. Sie wusste: „Der Allerhöchste wohnt nicht in Tempeln, die mit Händen gemacht sind." (Apostelgeschichte 7, 48) Doch auch die Christen wollten Gottesdienst feiern, also Gott anrufen und in seine Gegenwart eintreten. Aber wo, wenn nicht in einem Tempel? Die Antwort ist: in der Gemeinde. Die versammelte Gemeinde ist der Ort, wo wir Gott anrufen können, wo wir in seine Gegenwart eintreten. So dichtete Gerhard Tersteegen: „Gott ist gegenwärtig. Lasset uns anbeten und in Ehrfurcht vor ihn treten. Gott ist in der Mitte. Alles in uns schweige und sich innigst vor ihm beuge . . ." (Evangelisches Gesangbuch 165). Gott ist gegenwärtig – das bezieht sich nicht auf das Kirchengebäude, sondern auf die versammelte Gemeinde: „Gott ist in der Mitte . . .". Damit ist nicht ein Gebäude, sondern die gottesdienstliche Gemeinde als Ort der Gegenwart Gottes gemeint. Sie ist im übertragenen Sinn sein „Tempel". So schrieb der Apostel Paulus an die Christengemeinde in Korinth: „Wisst ihr nicht, dass ihr Gottes Tempel seid und der Geist Gottes in euch wohnt? Wenn jemand den Tempel Gottes verdirbt, den wird Gott verderben, denn der Tempel Gottes ist heilig; der seid ihr." (1. Korinther 3, 16 + 17) Die frühe Christenheit hat keine Tempel für Gott gebaut, weil sie selber Gottes Tempel war. „Der Tempel Gottes ist heilig; der seid ihr."

Mit welchem Recht kann die versammelte Gemeinde als Gottes Tempel bezeichnet werden? Die Antwort ist: weil Gott durch seinen Heiligen Geist in ihrer Mitte wohnt, und weil in der versammelten Gemeinde die Botschaft von Jesus Christus laut wird, in dem Gott Mensch geworden und zu uns gekommen ist, und weil wir in der Feier von Taufe und Abendmahl in die Gemeinschaft mit Jesus Christus und durch ihn mit Gott eintreten.

Als die frühe Christenheit begann, Kirchen zu bauen, hat sie sich nicht am Modell religiöser Bauten orientiert, sondern folgte dem Muster profaner Bauten. Sie orientierte sich an der großen Versammlungshalle, die es in jeder antiken Stadt gab, der Basilika. Hier versammelten sich die Bürger der Stadt. Das Gebäude hatte ein hohes Mittelschiff und zwei niedrigere Seitenschiffe. Vorn an der Schmalseite war ein erhöhtes Podest, auf dem die Stadtregierung ihren Platz fand. Hier wurde auch Recht gesprochen; die Versammlungshalle war zugleich Gerichtssaal. Also: Genau so wie die Christengemeinde für ihre Selbstbezeichnung einen profanen Ausdruck gewählt hat – sie nannte sich ekklesia, d. h. Volksversammlung Gottes –, so baute sie für ihre Zusammenkünfte eine Basilika, um Gottesdienst zu halten. Plötzlich gab es in der Stadt zwei Basiliken: eine für die Versammlung der Bürger der Stadt und eine für die Versammlung des Volkes Gottes. Äußerlich waren beide nicht zu unterscheiden.

Trotz der Profanität des äußeren Baus einer Kirche – die Gemeinde, die sich darin versammelt, ist heilig, weil Gott in ihrer Mitte ist. Gottes Gegenwart erfahren wir nicht in dem Kirchengebäude an sich, sondern im Gottesdienst der Gemeinde. Dort wird Gott angerufen, dort wird die Botschaft von Jesus Christus verkündigt, dort treten wir in der Feier von Taufe und Abendmahl in die Gemeinschaft mit Jesus Christus und mit Gott ein.

Das Kirchengebäude an sich ist also kein heiliger Raum. Aber es ist einem besonderen Zweck gewidmet: der Versammlung der Gemeinde und der gottesdienstlichen Begegnung mit Gott durch Jesus Christus im Heiligen Geist. Die Gemeinde ist das „Haus Gottes". Das Kirchengebäude ist das „Haus der Gemeinde", Haus der Begegnung der Gemeinde mit ihrem Gott.

2 ... und sie bauten einen Turm ...

Nein, so etwas wie der Turmbau zu Babel sind unsere Kirchtürme nicht. Ihre Spitze soll nicht bis zum Himmel reichen, um Gott zu entthronen. Obwohl manche Kirchtürme ziemlich hoch sind. Oft prägen sie die Silhouette des Ortes. Jedenfalls dann, wenn es dort keine Hochhäuser gibt. Warum hat die Kirche einen Turm? Die Frage mag manchen verwundern. Eine Kirche hat einen Turm – das ist doch selbstverständlich! Nein, selbstverständlich ist es nicht.

Die frühen christlichen Kirchen hatten keine Türme. Das blieb noch lange so. Kirchtürme gibt es erst seit etwa 900 n. Chr. Aber warum? Darauf gibt es drei mögliche Antworten:

Die erste lautet: Die hohen Kirchtürme lenken den Blick der Menschen zum Himmel. Sie sind wie ein Zeigefinger, der uns nach oben weist. Die Türme gotischer Kathedralen legen dies Verständnis nahe. Es ist eine schöne geistliche Sinngebung. Aber die wirkliche Ursache für den Bau von Kirchtürmen ist es nicht.

Die zweite mögliche Antwort ist: Die Kirche hat einen Turm, damit man die Glocken darin aufhängen kann. Von ihrem erhöhten Ort aus sind sie weit im Umkreis zu hören. Diese Antwort leuchtet ein. Die Glocken und der Turm gehören so eng zusammen, dass man sie in ein Wort zusammenfassen kann: Glockenturm. Doch die Verbindung von Glocken und Turm ist nicht ursprünglich. Die ersten Kirchtürme trugen keine Glocken. Diese waren in einem separaten Glockenträger angebracht, der oft neben der Kirche stand. Bei der Mehrzahl der ostfriesischen Kirchen steht der Glockenträger noch immer neben der Kirche. Er ist kein Kirchturm. Manchmal ist er baulich mit der Kirche verbunden, aber so, dass seine Höhe das Kirchenschiff nicht überragt. Er ist kein Turm. Die Fachleute streiten, warum das so ist. Die einen sagen: Das hat statische Gründe. Wenn Glocken geläutet werden, entstehen Schwingungen, die das Bauwerk belasten. Falls es einstürzt, ist es besser, wenn die Kirche nicht mit stürzt. Auch ist der Untergrund in Ostfriesland oft wenig stabil und darum die Einsturzgefahr groß. Andere sagen: Die Sitte, den Glockenträger neben die Kirche zu stellen, haben die Ostfriesen in Italien kennen gelernt; Campanile-Bauweise nennt man das. Oder sie haben die Idee von den Kreuzzügen mitgebracht. Der freistehende Glockenträger entspräche dem Minarett einer Moschee. Ich kann und will diese Frage nicht entscheiden. Vielleicht waren die Ostfriesen auch einfach nur konservativ und sagten sich: Eine Kirche hat noch nie einen Turm gehabt, also gehört er daneben. Tatsächlich sind anfangs überall die Türme nachträglich neben vorhandene Kirchen gebaut worden. Jedenfalls ist die Verbindung von Glocken und Turm und die bauliche Verbindung des Glockenturms mit dem Kirchengebäude erst später gekommen. Manchmal ist es tatsächlich passiert, dass ein Turm sich neigte und die Kirche mitriss, so z. B. in Uttum. Der Kirchturm von Suurhusen ist heute eine Touristenattraktion, weil er so schön schief steht, schiefer als der Turm von Pisa.

Wenn es so ist, dass Glocken und Turm ursprünglich nicht zusammengehören und zwischen einem Kirchturm und einem Glockenträger unterschieden werden muss, dann ist die Frage noch immer nicht beantwortet, weshalb man 900 Jahre lang keine Türme an die Kirchen gebaut hat und dann doch dazu überging. Die Antwort ist wahrscheinlich ganz prosaisch: Man hat angefangen Türme zu bauen, um anzugeben. Um zu zeigen, dass man es sich leisten konnte, aus Gründen der Repräsentation, um die Silhouette des Ortes für sich einzunehmen. Manchmal haben Kirchengemeinden regelrecht gegeneinander angebaut und auf ganz unheilige Weise darin gewetteifert, wer sich den höchsten Turm leisten konnte.

Das alles ist Geschichte. Heute gehört der Turm zur Kirche. Meist ist er an die Kirche gebaut. In Ostfriesland steht er daneben, bei manchen modernen Kirchen ist es genauso. Heute dient er auch nicht mehr dazu, auf die Erbauer zu zeigen, so wohlhabend und opferfreudig sie auch waren. Heute weist der Turm nach oben, zu Gott. Und ist selbstverständlich ein „Glockenturm".

Turm der neuen Kirche von 1643 (Emden)

Meist steht der Turm im Westen der Kirche. Aber es gibt auch Türme, die stehen im Osten, über dem Chorraum. Eine „Chorturmanlage" nennt man das. In Eilsum (Ostfriesland) kann man sie besichtigen. Bei Kirchen, die in Kreuzform gebaut sind, wurde gelegentlich der Turm über dem Schnittpunkt der Kreuzarme errichtet, als „Vierungsturm". So ist es z. B. in Pilsum (Ostfriesland). Der Pilsumer Turm diente in früheren Zeiten als Seezeichen: die Schiffe brauchten ihn, um die Emsmündung anzusteuern.

Die meisten Kirchen haben nur einen Turm. Viele vor allem gotische Kirchen haben zwei Türme mit spitzem Turmhelm. Einige Kirchen haben vier, wenige haben sechs, ganz selten hat eine Kirche sogar sieben Türme. Wer das mit eigenen Augen sehen will, sollte den Dom in Limburg/Lahn besuchen oder die Kathedrale in Reims/Frankreich.

3 *Hahn oder Schwan*

Kirchtürme pflegen nicht in einer einfachen Spitze auszulaufen. Oft, fast immer, sind sie von einem Kreuz gekrönt. Wie andere Türme tragen sie manchmal eine Windrose und darüber eine Wetterfahne. Die kann verschiedene Gestalt haben. In Norddeutschland zeigt die Wetterfahne dem Kundigen an, zu welcher Konfession die Kirche gehört, deren Turm sie bekrönt.

In Norddeutschland gilt als Regel, wenn auch nicht ohne Ausnahme: evangelische Kirchen tragen einen Hahn oder einen Schwan, katholische tragen ein Kreuz. Der Hahn ist reformiert, der Schwan ist lutherisch. In anderen Teilen der Welt zeigt der Hahn eine katholische Kirche an, wie z. B. der Hahn von St. Peter. Doch in Norddeutschland ist der Hahn meistens reformiert.

Er befindet sich nicht nur auf dem Glockenturm, sondern oft auch auf dem Kirchengebäude selbst. Die reformierte Kirche in Weener ist sogar von zwei goldenen Gockeln geziert: einem über der Stundenglocke im Westen der Kirche und einem im Osten über dem Chorraum. Der abseits stehende Glockenturm hingegen trägt hier als Wetterfahne das Niedersachsenross, d. h. er war einmal kommunales, nicht kirchliches Eigentum. Der reformierte Hahn, sofern er nicht einfach von der mittelalterlichen katholischen Kirche übernommen ist, verweist auf Frankreich, in dem die reformierte Konfession einmal stark verbreitet war; er ist ein „gallischer Hahn". Auf Kirchtürmen an der Küste, jedoch nicht auf dem Kirchengebäude, findet sich öfters auch ein Schiff. Diese Handelskogge zeigt an, dass in der Gemeinde die Kaufleute der dominierende Berufsstand waren, so z. B. auf dem Turm der reformierten Großen Kirche in Leer.

Für Touristen rätselhaft und darum deutungsbedürftig ist am meisten der goldene Schwan, der auf lutherischen Kirchtürmen in Norddeutschland zu sehen ist. Zur Erläuterung erzählt man eine Legende: Als der tschechische Theologe Jan Hus 1417 vom Konzil zu Konstanz als Ketzer verurteilt und nach dem Brauch jener Zeit auf dem Scheiterhaufen verbrannt wurde, obwohl Kaiser Sigmund ihm freies Geleit zugesagt hatte, soll er gesagt haben: „Ich bin nur eine arme Gans – tschechisch: hus –, die könnt ihr gut braten. Aber nach mir wird ein Schwan kommen, den ihr nicht werdet braten können." Die Legende wird als Prophezeiung auf das Auftreten Martin Luthers 100 Jahre später gedeutet. Wer Luthers Geburts- und Sterbehaus in Eisleben besucht, findet dort auf dem Tisch einen ausgestopften weißen Schwan, und der Fremdenführer erzählt dazu die erwähnte Legende.

Ob nun Hahn oder Schwan – eine geistliche Bedeutung verbindet sich mit dem Turmschmuck nicht. Es handelt sich um Wetterfahnen; darum stehen sie über der Windrose, die die Himmelsrichtungen anzeigt. Sie drehen sich mit dem Wind. Für die Kirche, die unterhalb des Turmes steht, aber gilt, sie solle sich nicht „von jedem Wind einer Lehre bewegen und umhertreiben lassen durch trügerisches Spiel der Menschen, mit denen sie uns arglistig verführen" (Epheser 4, 14).

Am Niederrhein findet sich, meistens auf reformierten Kirchen, eine andere Wetterfahne: der Geusendaniel. Es handelt sich um eine (biblische) Prophetengestalt, die im 16. Jahrhundert während des niederländischen Freiheitskampfes gegen das habsburgische Spanien das Erkennungszeichen der Aufständischen gewesen ist. Der abfällig gemeinte Ausdruck „Geusen" (Bettler) wurde von ihnen als Ehrenbezeichnung genommen. So stellten sie ihren Daniel auf die Türme ihrer Kirchen, trotzig, selbstbewusst und erfolgreich.

Die reformierte Bürgerschaft von Emden (Ostfriesland) hingegen verzierte ihre anfangs des 17. Jahrhunderts nach niederländischem Vorbild erbaute Neue Kirche mit einem großen, weithin leuchtenden Abbild der Kaiserkrone, Zeichen eines Strebens nach Reichsfreiheit, das dann doch nicht zum Erfolg führte.

Kirchengebäude und Kirchtürme bestimmen heute nur noch selten die Silhouette eines Ortes. Früher hingegen sind sie nicht nur religiöse Bauwerke, sondern zugleich Element des öffentlichen Raumes gewesen. So ist in ihrer Gestaltung vieles zum Ausdruck gebracht worden, was über den religiösen Bereich im engeren Sinn hinaus das öffentliche Bewusstsein prägt oder prägen wollte. Die öffentlichen Gebäude eines Ortes sind wie die Kleider eines Menschen: sie haben nicht nur eine funktionale Zweckbestimmung, sondern sie zeigen in ihrer Gestaltung an, wie man wahrgenommen werden will. Wie es scheint, nimmt das gesellschaftliche Bewusstsein heutzutage kirchliche Gebäude nicht mehr für seine Selbstdarstellung in Anspruch. Bürgerliche Gesellschaft und religiöse Gemeinschaft sind auseinander getreten. Religion ist Privatsache geworden. Man sollte das nicht beklagen, auch von kirchlicher Seite nicht. Die Privatisierung von Religion geschah in Europa um des öffentlichen Friedens willen. Aus den blutigen Religionskriegen der Vergangenheit war die Lehre gezogen worden, dass man niemanden zu einer bestimmten Religion oder Konfession zwingen kann und soll und die bürgerlichen Rechte nicht an ein bestimmtes Glaubensbekenntnis binden darf. Seitdem zeigen die Wetterfahnen auf den Kirchtürmen nur noch an, welcher Konfession das betreffende Kirchengebäude zugehört. Sie demonstrieren nicht mehr, dass eine bestimmte Konfession in diesem Ort, dieser Stadt die herrschende und für jedermann verbindliche sei.

4 _Wem die Stunde schlägt_

An vielen Kirchen sieht man eine große Uhr, manchmal am Turm, manchmal am Kirchengebäude. Nicht selten gibt es auch eine große Uhr innerhalb des Kirchenraums. Öfters sind diese Uhren mit einer Inschrift versehen, auf lateinisch, deutsch oder holländisch: „Omnia vulnerant, ultima necat", das heißt: „Alle verwunden, die letzte tötet" – gemeint sind die Stunden. Oder: „O Mensch! Gedenke der ure des doods" – so in der reformierten Kirche in Weener. Oder ganz lapidar: „Eine ist deine letzte".

Die Uhr zeigt den Fluss der Zeit. Darum ist es sinnvoll, dass sie die Menschen an das zeitliche Ende erinnert. Doch der eigentliche Verwendungszweck der Uhr zielt nicht auf den Tod, sondern auf das Leben. Uhren zeigen an, welche Zeit es ist. Man kann sich für eine bestimmte Uhrzeit verabreden. Die Uhr innerhalb des Kirchenraums hilft dem Prediger, seine Zeit einzuteilen, und sie zeigt der Gemeinde, wie lange sie noch zuhören muss.

Alle alten Kirchenuhren tragen römische Ziffern. Das hat seinen Grund darin, dass die uns heute geläufigen arabischen Zahlen, die eigentlich indische Zahlen sind und nur über die Araber zu uns kamen, erst vor ca. 600 Jahren in Mitteleuropa bekannt geworden sind. Die Entwicklung der Geldwirtschaft und das Aufkommen des Bankenwesens ließen sie in Gebrauch kommen. Außerdem kann man mit ihnen besser rechnen, wie Adam Riese (um 1492–1559) gezeigt hat. Vor allem aber weisen sie eine Ziffer auf, die es bei römischen Zahlen nicht gibt: die Null. Darum kann man große Zahlen mit ihnen besser schreiben.

Bei Uhren braucht man jedoch nur die Zahlen von 1 bis 12. Das lässt sich mit römischen Ziffern gut darstellen. Darum haben sie sich so lange auf den Zifferblättern der Kirchenuhren gehalten. Es gab aber nicht nur diesen praktischen Grund. In der arabischen Ziffernreihe taucht, wie gesagt, eine Zahl auf, die es bei römischen Ziffern nicht gibt: die Null. Vor dieser Zahl hatten die Menschen damals eine panische Angst. Sie erblickten in ihr ein Symbol des Nichts, des Bösen, des Teufels. Denn die Null steht ja für nichts. Auf dem Ziffernblatt einer Uhr kann man bei Verwendung arabischer Zahlen aber auf die Null nicht verzichten; bei der Zahl 10 taucht sie mit Sicherheit auf. So nahm man lieber römische Ziffern – aus Angst.

Wer genau hinschaut, wird entdecken, dass viele alte Uhren nur einen Zeiger haben. Sie zeigen nur die vollen Stunden an. Mehr brauchte man früher nicht. Erst in den letzten Jahrhunderten ist der zweite Zeiger hinzugekommen, weil man nun auch wissen wollte, wann eine Stunde halb oder nur zu einem Viertel vergangen war. Das hängt damit zusammen, dass sich das Leben immer mehr beschleunigt hat und in immer kleinere Zeiteinheiten zerlegt wurde. Früher wollte man nur wissen, was die Stunde geschlagen hatte. Heute, z. B. im Sport, entscheidet eine Hundertstel- oder Tausendstelsekunde über Sieg oder Niederlage. Das Leben ist heute schneller als in früheren Zeiten. Darum haben so viele Menschen das Gefühl, keine Zeit zu haben.

Schon die Erfindung der mechanischen Uhr am Ende des Mittelalters ist Ausdruck der Zeitbeschleunigung, die unsere Kultur seitdem prägt. Zunächst gab es solche Uhren nur an Kirchen oder auch an Rathäusern oder städtischen Türmen. Erst später wurde die Taschenuhr erfunden, die als Armbanduhr heute unser ständiger Begleiter ist: Peter Henlein baute 1505 die erste datierbare Taschenuhr mit Federwerk, das „Nürnberger Ei". Vorher orientierten die Menschen sich am Stand der Sonne, und die frühe Zeitmessung geschah mit der Sonnenuhr. Davon sind manchmal noch Exemplare an unseren Kirchen außen erhalten. Weil die ersten Turmuhren oft sehr unzuverlässig waren, vor- oder nachgingen, hat man manchmal noch eine Sonnenuhr darunter gesetzt – zur Sicherheit. Wenn die Sonne nicht schien oder es dunkel war, diente die Sanduhr als Instrument zur Messung der Zeit. Am Hof des persischen Großkönigs gab es das Amt des „Zeitansagers": Unablässig wurde die Zeit gezählt und in bestimmten Abständen ausgerufen. In Europa richtete man sich außer nach dem Sonnenstand auch nach der Stundenglocke auf dem Dach der Kirche. Sie rief ursprünglich alle drei Stunden die Gebetszeiten aus, vom Morgen bis zur Nacht. Danach richtete sich das „Stundengebet" in den Klöstern.

In manchen Kirchen ist auf den Kanzeln ein kleines Brettchen zu finden, auf das der Prediger seine Sanduhr zu stellen pflegte, damit die Predigt nicht zu lang wurde. Doch manchmal, wenn er noch so viel mitzuteilen hatte, obwohl die Sanduhr bereits abgelaufen war, drehte er sie eben noch einmal um.

Uhr mit nur einem Zeiger (Hinte)

5 Eine Stimme aus Erz

Was wäre eine Kirche ohne Glocken? Sie rufen zum Gottesdienst, läuten zum Gebet, zeigen die Stunde an, begleiten uns auf dem letzten Gang. Friedrich Schiller hat in seinem bekannten Gedicht der Glocke ein literarisches Denkmal gesetzt.

Gegossene Glocken mit Klöppel kennt man seit mehr als 3000 Jahren, zuerst im asiatischen Raum. Von dort kamen sie nach Europa. Schon in vorchristlicher Zeit wurden sie religiös genutzt. Ihrem Klang wurde eine reinigende und vor bösen Geistern schützende Wirkung zugeschrieben. Glocken werden auch heute in außerchristlichen Religionen und Kulturen verwendet.

Eben weil die Glocke im heidnischen Kult gebraucht wurde, fand sie zunächst keinen Eingang in die christliche Welt. Die frühen christlichen Kirchen hatten keine Glocken. Erst im 4. christlichen Jahrhundert hat sich das geändert. Man fand Stellen im Alten Testament, an denen von Schellen die Rede ist. Das wurde zur Brücke für die Einholung der Glocke in den christlichen Gottesdienst.

Eine Glocke zu gießen ist eine Kunst. Sie wurde zuerst in den Klöstern gepflegt, vor allem im Orden der Benediktiner. Erst später übernahmen Handwerker den Glockenguss. Ein besonderes Material, Glockenbronze, wird dafür verwendet. Sie ergibt einen warmen, weichen Wohlklang. Heutzutage gibt es auch Stahlglocken. Aber ihr Klang ist bei weitem nicht so schön.

Im frühen Mittelalter wurde die Verbreitung der Glocke in unserem Raum durch Wandermönche gefördert, die aus

Irland kamen. Einzelne Glocken aus dieser Zeit haben sich noch erhalten, z. B. in Hersfeld (Hessen) die Lullusglocke. Auch im Germanischen Museum in Nürnberg ist eine Thüringer Glocke aus dieser Zeit zu besichtigen. Große Glocken gibt es seit der Mitte des 13. Jahrhunderts. Nun wurden die Glockengießer fest ansässig. Ihre Gießereien blieben teilweise bis in die Gegenwart im Familienbesitz.

In den beiden Weltkriegen gingen viele Glocken verloren, denn sie wurden für Kriegszwecke eingeschmolzen. Seit 1959 erscheint der Deutsche Glockenatlas, in dem alle Glocken verzeichnet und beschrieben sind.

In der mittelalterlichen Kirche gab es ein besonderes Ritual der Glockenweihe. Die evangelische Kirche kennt das nicht. Sie begeht aber eine feierliche Indienstnahmehandlung, wenn eine neue Glocke zum ersten Mal angeschlagen wird. Der religiöse Sinn der Glocke liegt darin, die Ehre Gottes auszurufen und die Gemeinde zum Gottesdienst zu versammeln. Als Gebetsglocke erinnert sie morgens, mittags und abends daran, dass wir unser Leben nicht uns selbst verdanken.

Glocken sind oft mit Inschriften verziert. Eine bekannt Inschrift lautet (auf lateinisch): vivos voco, mortuos plango, fulgura frango. Das heißt: Die Lebenden rufe ich, die Toten beklage ich, die Blitze zerbreche ich. In dem letzten Element dieser Inschrift wird die schon vorchristlich der Glocke zugeschriebene Schutzfunktion vor allem Unheil mit aufgenommen.

Neben den Ruf zum Gottesdienst treten andere Anlässe: seit dem 7. Jahrhundert das schon erwähnte Gebetsläuten am Morgen, Mittag und Abend, im katholischen Gottesdienst das Läuten während der Wandlung der Messe, im lutherischen das Vaterunserläuten am Ende des Gottesdienstes, das Läuten beim Gebet um den Frieden, die Kreuzglocke an Freitagen und die Scheideglocke am Freitag um 15 Uhr, der Todesstunde Christi.

Glocken gibt es nicht nur in Kirchen, sondern auch auf städtischen Türmen als Ratsglocke, Sturmglocke, Gerichtsglocke oder Armesünderglocke.

Eine Kirche sollte, wenn möglich, über drei Glocken verfügen, um ein abwechslungsreiches Glockengeläut zu ermöglichen. Große Kirchen haben oft mehr als zehn Glocken. Für die Zusammenstellung des Geläuts und ihre Abstimmung auf den Klang der Orgel sind die landeskirchlichen Orgelsachverständigen zuständig. Man bedenke: der gleichzeitige Gebrauch von Orgel und Glocken war vor Erfindung des Schießpulvers das lauteste Geräusch, das Menschen außer natürlichen Geräuschen wie dem Gewitterdonner kannten. Noch heute kann der Klang der Glocken ein Gefühl der Ergriffenheit oder die Ahnung des Erhabenen auslösen.

Über den Gebrauch der Glocken entscheiden die Kirchengemeinden. Viele haben eine „Läuteordnung". Weltliche Stellen haben auf die Glocken keinen Zugriff. Nur bei allgemeiner Gefahr für Leib und Leben der Menschen können die kommunalen Behörden das Läuten der Glocken verlangen (Katastrophenläuten).

Das Glockengeläut ist über den Gebrauch der christlichen Gemeinde hinaus Teil unserer europäischen Kultur geworden. Alle Versuche, den Kirchen das Glockenläuten zu verbieten, scheitern an dem im Grundgesetz verbrieften Recht auf positive Religionsfreiheit. Doch sollten Gemeinden beim Gebrauch der Glocken darauf achten, dass es für andere Menschen nicht zur Last wird. Schon Wilhelm Busch wusste: „Musik wird störend oft empfunden, dieweil sie mit Geräusch verbunden". Das gilt auch für Glocken. Das Allerwichtigste aber ist, Glocken nicht nur anzuhören, sondern ihrem Ruf zu folgen.

6 *Die schöne Pforte*

Die Tür ist die Visitenkarte des Hauses, sagt man. Bei Kirchentüren ist es nicht grundsätzlich anders. Mittelalterliche Dome haben aufwändig gestaltete Portale, oft mehr als drei Meter hoch. Die Türflügel sind künstlerisch gestaltet, figürliche Darstellungen der Heilsgeschichte umge-

Glockenträger (Hinte)

ben den Türbogen. Manchmal ist die Tür etwas zurückversetzt, so dass ein kleiner Gang in die Kirche hinein entsteht, der rechts und links von Apostel- oder Heiligenfiguren flankiert ist. Man merkt sofort, dass dies der Eingang einer Kirche ist und nicht die Tür zu einem Privathaus oder einem Palast.

Die Türen in reformierten Kirchen sind anders gestaltet. Der Figurenschmuck fehlt. Das hängt mit der reformierten Abneigung gegen bildliche Darstellungen zusammen. Auch die Platzierung der Tür ist oftmals anders, jedenfalls in Norddeutschland. Nicht von der westlichen Schmalseite der Kirche oder durch den dort befindlichen Turm betritt man den Kirchenraum, sondern von der Seite. Bei näherem Hinsehen zeigt sich, dass es in der Regel vier Türen an den Längsseiten der Kirche gibt oder zumindest gab; die Türbögen sind gelegentlich im Mauerwerk noch zu finden, auch wenn die Tür vermauert ist. In Norddeutschland pflegte man die Kirche von der Seite her zu betreten. Das hat nichts mit der reformierten Konfession zu tun, sondern findet sich schon im frühen Mittelalter. Die Gelehrten meinen, das habe damit zu tun, dass die Kirche dem frühmittelalterlichen Bauernhaus nachgestaltet wurde, dem „Langhaus", das man von der Seite her betrat. Wenn man die Kirche von der Seite her betritt, sieht man zuerst die dort versammelten Menschen und erst nach einer Vierteldrehung den eventuell vorhandenen Altar.

Damit ist aber noch nicht erklärt, weshalb so viele Kirchen vier seitliche Eingänge haben oder hatten: zwei an der Südseite und zwei an der Nordseite. Das könnte seine Erklärung darin finden, dass diese Türen im Mittelalter für Prozessionen genutzt wurden, die in langen, genau festgelegten Windungen aus der Kirche heraus und wieder in sie hineinführten. Später wurden sie zu Männer- bzw. Frauentüren. In den Zeiten der ständischen Gesellschaft in der frühen Neuzeit, also vom 17. Jahrhundert an, pflegte man in der Kirche nach Geschlechtern getrennt zu sitzen: auf der einen Seite der Kirche die Frauen, auf der anderen die Männer. Auch Ehepaare saßen nicht gemeinsam in der Kirchenbank.

Später hat man der Tür oft eine kleine Vorhalle vorgebaut. Der Grund ist einsichtig: die alten Türen schlossen niemals zugdicht; im Winter kam sehr viel Kälte unter der Tür hindurch. Also baute man einen Windfang und eine Kälteschleuse davor.

Auch wenn reformierten Kirchentüren der figürliche Schmuck fehlt, sind sie in der Regel doch von hoher Qualität. Fast immer sind sie Zeugen solider Handwerkskunst: aus stabilem Holz gefertigt, mit geschmiedeten Türbändern, Fallen und Schlössern versehen. Generationen sind durch diese Türen hindurchgegangen oder durch sie herausgetragen worden (auf den benachbarten Friedhof). Was ist eine Tür? Ist sie der Einlass in den Kirchenraum oder versperrt sie den Zugang? Wenn ich auf eine Kirche zugehe, nehme ich die Tür nicht als Sperrwerk, sondern als Öffnung wahr: dort kann ich in die Kirche hineingehen. Sie hat einen einladenden Charakter, selbst wenn sie geschlossen ist.

Apropos geschlossen: „Sein Haus hat offne Türen", heißt es in einem Kirchenlied (Evangelisches Gesangbuch 225). Doch die meiste Zeit in der Woche ist dieses Lied nicht wahr; die Tür ist verschlossen. Evangelische Kirchen sind meistens zugeschlossen. Das unterscheidet sie von römisch-katholischen Kirchen. Wie das kommt? Römisch-katholische Kirchen führen den Charakter der Kirche als „Asylort" weiter, der schon immer den Tempeln zueigen gewesen ist, wie man auch im Alten Testament nachlesen kann. Wer von dem Bluträcher verfolgt wurde, konnte sich ins Heiligtum flüchten und den Altar umklammern; dann war er in Sicherheit. Deshalb öffnete die Tür auch nach innen, zum Kirchenraum hin, damit der Verfolgte in die Kirche hineinfliehen konnte. Der figürliche Schmuck mittelalterlicher Kirchentüren befindet sich auf der Außenseite. Nicht nur, um von außen gesehen zu werden, sondern auch, um sichtbar zu bleiben, wenn die Tür geöffnet wird. Evangelische Kirchen haben diese Asylfunktion nicht mehr. Darum müssen sie nicht geöffnet sein, und ihre Türen öffnen nach außen, wie es die Sicherheitsvorschriften für größere Versammlungen verlangen, um den Fluchtweg aus der Kirche nach draußen nicht zu versperren.

Trotzdem kann man überlegen, ob die Tür über die Woche zugeschlossen sein muss. Mancher würde vielleicht alleine in die Kirche gehen, und das nicht aus touristischer Neugier, sondern um dort Stille zu finden und zu beten. Ich weiß, viele Gemeinden wagen ihre Kirche nicht offen zu halten aus Furcht, es könne in der unbeaufsichtigten Kirche Unfug getrieben oder Zerstörungen angerichtet werden. Andererseits gibt es in einer reformierten Kirche nicht viel, was entwendet werden könnte, wenn nur der Zugang zur Orgel gesichert ist. Zumindest sollte sorgfältig überlegt und vielleicht ausprobiert werden, ob man die Kirche nicht doch geöffnet hält, damit die Kirchentür auch außerhalb der Gottesdienstzeiten die Menschen nicht aussperrt, sondern ihnen Einlass gewährt.

7 *Himmelsrichtung*

In welcher Richtung finde ich den Himmel? – Die Frage erscheint seltsam, ist aber nicht ohne Grund. Christliche Kirchen sind fast immer in eine bestimmte Richtung gebaut. Sie sind ausgerichtet nach dem Himmel, zu Gott, auf den kommenden Christus hin.

Der kommende Christus erscheint nach alter Tradition von Osten her, wie die aufgehende Sonne. Darum sind Kirchen nach Osten ausgerichtet, sie sind „orientiert". Darin steckt das Wort „Orient". Das bedeutet: „Ort des Aufgang" (der Sonne). Luther übersetzte das Wort „Orient" mit „Morgenland". So kennen wir es.

Die frühen christlichen Kirchen waren nach Westen ausgerichtet. Dorthin schaute die Gemeinde beim Gottesdienst. Dort befand sich der „Predigtstuhl" des Bischofs. Der Westen ist die Richtung der untergehenden Sonne, das Land der Finsternis, das Reich des Todes und der Dämonen – dort liegt die „Welt", die der Glaubende verlassen hat. Zwischen ihm und der feindlichen Welt steht die Glaubensbotschaft, baulich dargestellt im Predigtstuhl, später auch durch den Altar. Hier gedenkt die Gemeinde des Todes und der Auferstehung Christi, durch welche sie der vergehenden Welt entnommen ist. Die Ausrichtung des Kirchenraums hat symbolische Bedeutung.

Der predigende Bischof war mit dem Gesicht nicht nur der Gemeinde, sondern dem kommenden Christus zugewandt, dessen Ankunft er verkündigte. Die Gemeinde schaute nach Westen; zum Gebet jedoch drehte sie sich um, nach Osten, dem kommenden Christus entgegen. Später, als man die Kirchen „umorientierte", d. h. nach Osten ausrichtete, schaute die Gemeinde nach Osten, der Priester hingegen nach Westen zur Gemeinde hin. Zum Gebet jedoch drehte er sich nach Osten, stand mit dem Rücken zur Gemeinde und schaute mit ihr betend dem kommenden Christus entgegen. So tut es der Pastor oder die Pastorin in einer lutherischen Kirche noch heute.

Die Umorientierung der Kirchen im 4. Jahrhundert stand im Zusammenhang mit einer neuen Rollenzuweisung für den „geweihten Klerus": er steht nun zwischen Christus und seiner Gemeinde. Das bedeutet: die Kirche übernimmt nun die Rolle des „Heilsmittlers" zwischen Gott und den Menschen. Sie ist die „Brückenbauerin" zwischen dieser und der kommenden Welt. Brückenbauer zu sein, lateinisch: pontifex, war die alte Aufgabe des Priesters. Im Zuge jener Umorientierung wurden die Prediger zu Priestern, zu Mittlern zwischen Gott und den Menschen. Der Altar, der ursprünglich nichts anderes als der Abendmahlstisch der Gemeinde war, wird nun zum Ort des Opfers, das der Priester im Angesicht der Gemeinde vor Gott darbringt.

Im Westen des Kirchenraums, am Eingang, dem Narthex, wurde nun oft der Taufstein aufgestellt. Die Symbolik ist deutlich: durch die Taufe kommt ein Mensch in die Kirche hinein. Die Weihwasserbecken an der Eingangstür einer römisch-katholischen Kirche sind ein symbolischer Verweis auf die Taufe: beim Betreten des Kirchenraums bekreuzigt sich der Christ mit dem Taufwasser.

Die Westwand der Kirche ist manchmal von innen mit Dämonengestalten ausgemalt, welche auch als Skulpturen erscheinen können. Sie symbolisieren die feindliche Welt, in die der Glaubende sich begibt, wenn er den Kirchenraum verlässt. Die Westwand selbst ist oftmals sehr massiv, mit Zinnen und Türmen, wie ein Bollwerk, ausgeführt. Ein „Westwerk" wird das genannt und oft mit einem Kirchturm verwechselt. An der Klosterkirche von Corvey bei Höxter findet man das eindrucksvollste Westwerk in unserem Raum. Dadurch wird baulich dargestellt: Die Kirche ist wie eine Burg, sie schützt die Menschen vor der Bedrohung durch das Böse.

Es ist kein Wunder, dass die evangelischen Kirchen anders gestaltet sind, vor allem die reformierten. Bei lutherischen und unierten Kirchen wurde in der Regel die Ausrichtung nach Osten beibehalten. Wo die Reformierten mittelalterliche Kirchen übernahmen, haben sie sie umgebaut: die Kanzel an die südliche Längswand, das Gestühl in einem Halbkreis oder Rechteck um die Kanzel herum. Wo sie neue Kirchen bauten, wählten sie oft die Form eines sechseckigen oder achteckigen Grundrisses oder bauten Rundkirchen. Die Ausrichtung nach Osten wurde aufgegeben. Die Gemeinde versammelt sich in einem gedachten Kreis, als Gemeinschaft. Sie ist nicht nach Osten, sondern nach oben hin geöffnet, Gott und dem kommenden Christus entgegen, der schon heute durch seinen Heiligen Geist in ihrer Mitte ist. Denn der Himmel ist über uns. Das ist die Orientierung einer reformierten Kirche.

Im 19. und 20. Jahrhundert haben die Reformierten dann doch meist ihre Kirchen mit der Orientierung nach Osten gebaut: ein längliches Rechteck, an dessen östlicher Schmalseite die Kanzel steht, darunter der Abendmahlstisch. Das hat seinen Grund darin, dass die Architekten oftmals nicht wussten, nach welchen Gesichtspunkten eine reformierte Kirche angelegt ist, und die reformierten Theologen wiederum zu wenig Sinn hatten für die symbolische Sprache eines Bauwerks und seiner Gestaltung.

8 Freier Eintritt?

Unter den Gegenständen, die zur Inneneinrichtung einer Kirche gehören, gibt es einige von besonderer Bedeutung. Einer davon ist der Taufstein. Nicht dass er immer aus Stein wäre – es gibt Taufen aus Bronzeguss, etwa die mittelalterlichen Taufen von Klinghe in vielen ostfriesischen Kirchen, und schlichte Taufschalen aus Silber oder Zinn, die auf dem Abendmahlstisch oder auf einem gesonderten Ständer stehen. Die frühen christlichen Gemeinden tauften in einem fließenden Gewässer unter freiem Himmel. Später wurden gesonderte Taufkapellen errichtet, die für die Taufe von Erwachsenen gedacht waren. Das Taufbecken ist so groß, dass man von der einen Seite auf einer Treppe in es hineinsteigt, sich in der Mitte ganz untertaucht und es auf der anderen Seite (mit dem weißen Taufkleid bekleidet) wieder verlässt. Gemeinden, die die Erwachsenentaufe praktizieren, haben noch heute solche großen Taufbecken in ihrer Kirche.

Mancher Kirchenbesucher mag sich schon gefragt haben, warum ältere Taufen einen so großen Durchmesser haben und so tief sind. Ihr Durchmesser beträgt in der Regel 55–60cm, die Tiefe des Beckens 40–50cm. Braucht man so viel Wasser zum Taufen? Der Grund ist, dass bis in die Mitte des 16. Jahrhunderts die Säuglinge bei der Taufe entkleidet und dreimal ganz untertaucht wurden. Die Taufe ist ein Sinnbild des Sterbens mit Christus. Das Wasser ist seit Alters her nicht nur ein Symbol des Lebens, sondern mehr noch ein Symbol des Todes. Durch das Eintauchen in das Taufbecken sollte sichtbar werden: dieses Kind wird in den Tod Christi hineingetauft = hineingetaucht; taufen und tauchen bedeutet dasselbe. Darum war der Durchmesser der Taufkessel so bemessen, dass ein neugeborenes Kind seiner ganzen Länge nach hineinpasste; man taufte damals innerhalb der ersten drei Lebenstage. Damit das Kind ganz untergetaucht werden konnte, mussten die Taufkessel eine entsprechende Tiefe haben. Die armen Kindchen werden ein jämmerliches Geschrei angestimmt haben, wenn sie im Winter in einer ungeheizten Kirche dreimal in eiskaltes Wasser getaucht wurden. Aber so war das damals. Nach (!) der Taufe wurde ihnen das Taufkleid angelegt, ein Symbol des neuen Lebens.

Der Eintritt in die Kirche ist nicht frei; er kostet das Leben. Wir werden mit Christus „begraben in den Tod, damit, wie Christus auferweckt ist von den Toten durch die Herrlichkeit des Vaters, auch wir in einem neuen Leben wandeln." (Römer 6, 4)

1545 ist man, zuerst in Straßburg, von diesem Brauch abgegangen, die Kinder ganz unterzutauchen. Seitdem werden sie nur „symbolisch" mit Wasser benetzt. Dafür reicht eine flache Taufschale aus. In der römisch-katholischen Kirche gießt der Priester das Taufwasser mit einem Kännchen über den Kopf

Bronzetaufe von 1472 Detail (Eilsum)

des Kindes; in den evangelischen Gemeinden schöpft der Pastor oder die Pastorin mit der Hand Wasser aus der Taufschale und lässt es über das Köpfchen des Kindes fließen.

Mittelalterliche Taufen sind oftmals im Eingangsbereich der Kirche platziert. Hier wurde auch die Taufe vollzogen. Die Symbolik ist deutlich: durch die Taufe kommt man in die Kirche hinein. Später hat man gern die Taufen mit dem Abendmahlstisch und der Kanzel zu einem Ensemble vereinigt. So sieht man es in vielen unserer Kirchen.

An mittelalterlichen Taufen aus Bronze oder Sandstein finden sich oft figürliche Darstellungen: Löwen oder andere Ungeheuer können als Füße die Taufschale tragen oder den unteren Teil eines Taufsteins bedecken. Das bedeutet: In der Taufe wird ein Mensch der Macht des Bösen entnommen. Manchmal sind auch die zwölf Apostel oder die vier Evangelisten figürlich dargestellt: Ein Mensch wird in die Gemeinschaft des Glaubens hineingetauft. Taufen, die in reformierten Gemeinden nach der Reformation geschaffen wurden, weisen wegen des Bilderverbots keinen figürlichen Schmuck auf.

Wenn eine Gemeinde keine aus früheren Zeiten überkommene Taufe aus Sandstein oder Bronze besitzt, sondern eine Taufschale verwendet, fehlt – außer am Taufsonntag – in der Kirche jeder Hinweis auf die Taufe. Vielleicht ist das unvermeidlich; schön wäre es, wenn wenigstens während des Gottesdienstes die Taufschale vorhanden und auf dem Tisch oder sonst gebräuchlichen Ständer platziert wäre, um die Gemeindeglieder an ihre Taufe zu erinnern und um die klassische Dreiheit von Taufe, Abendmahlstisch und Predigtkanzel sichtbar darzustellen.

In römisch-katholischen Kirchen finden sich rechts und links neben der Tür die „Weihwasserbecken". Beim Betreten der Kirche bekreuzigt sich der römisch-katholische Christ mit dem Wasser. Das ist kein Aberglauben, sondern hat einen guten Sinn: Es ist eine stete Rückbesinnung auf die Taufe, durch die ein Christ in die Kirche hineinkam. Wir Evangelischen kennen diesen Brauch nicht; wir Reformierten bekreuzigen uns auch nicht. Aber wir sollten diesen Brauch unserer römisch-katholischen Mitchristen verstehen und achten.

9 *Die Lesekanzel*

Im November 2004 tagte die Synode der EKD in Magdeburg. Sie feierte einen Gottesdienst im Magdeburger Dom, der im Jahr 955 von Kaiser Otto dem Großen nach dem Sieg über die Ungarn auf dem Lechfeld bei Augsburg gegründet wurde und heute eine evangelische Kirche ist. Ein Synodaler hielt die gottesdienstliche Schriftlesung und begab sich zu diesem Zweck nach vorne, wo eine Querschranke aus Stein den Chorraum vom Kirchenschiff trennt, ging eine innen liegende Treppe hoch und erschien wieder in einer kleinen Kanzel oben auf der Querschranke. Von dort hielt er die Schriftlesung.

Im Magdeburger Dom ist, wie in vielen anderen Kirchen und Domen, die mittelalterliche Lesekanzel noch erhalten, die mit dem Fachausdruck „Lettner" bezeichnet wird. Das Wort ist abgeleitet vom mittellateinischen Wort lectorium und heißt auf deutsch „(kirchliches) Lesepult". Ein solcher Lettner, oft mit Statuen geschmückt, die die zwölf Apostel zeigen, trennt Kirchenschiff und Altarraum voneinander. Von dort aus pflegte man die Schriftlesung zu halten. Unterhalb der Lesekanzel, dem Kirchenschiff zugewandt, befand sich in der Regel ein kleinerer Altar, der „Volksaltar". Er ist in Magdeburg noch vorhanden. Während der Hauptaltar vorne in der Apsis stand, den Blicken der Gemeinde entzogen, amtierte an diesem Altar vor dem Lettner der Priester im Angesicht der Gemeinde. In der Anfangszeit der Reformation, als die Predigt wieder Bestandteil des Gottesdienstes wurde, hat man oft von dieser Lesekanzel aus gepredigt. In der Mitte des 16. Jahrhunderts z. B. hat einer der Emder Pastoren, Hermann Brass, die Predigten drucken lassen, die er von dort aus gehalten hat. Sie heißen „Heilig-Geist-Predigten" oder auch „Heilig-Kreuz-Predigten". Der Altar vor dem Lettner, der Volksaltar, war dem Heiligen Geist geweiht. Oberhalb des Lettners stand, und steht noch heute, in vielen mittelalterlichen Kirchen ein großes „Triumphkreuz", unter welchem oftmals, dem Bericht der Evangelien folgend, Johannes und Maria als Holzstatuen zu sehen sind.

Später hat man diese Gegenstände zusammengefasst. Dabei rückte das Kreuz vom Lettner auf den davor befindlichen Altar. So kam das Kreuz auf den Altar. In vielen Kirchen findet sich noch heute die Anordnung der Kanzel über dem Altar, der „Kanzelaltar". Er geht auf die mittelalterliche Zusammenstellung von Lesekanzel und Volksaltar zurück.

In lutherischen und unierten Kirchen in Deutschland liegt die Bibel auch heute nicht auf dem Altar, sondern auf einem Lesepult (Ambo), das in der Regel an der rechten Seite, vom Altar aus gesehen, auf der Grenze zwischen Altarraum und Gemeinderaum steht, genau an der Stelle, wo sich in mittelalterlichen Kirchen der Lettner befand.

In reformierten Kirchen gibt es das alles nicht. Sofern die Kirchen unserer Gemeinden jedoch aus dem Mittelalter stammen, ist oftmals der mittelalterliche Lettner noch erhalten. Meist ist er jedoch unsichtbar. In manchen Kirchen, z. B. in Hinte, ist er als hölzerne Chorschranke zwischen ehemaligem Altarraum und Gemeinderaum noch zu sehen. In anderen Kirchen hat man oftmals auf den mittelalterlichen Lettner die Orgel gestellt. Wenn man unter der Orgel hindurch geht, gelangt man in den mittelalterlichen Altarraum, der oft als kleiner Andachtsraum für Trauungen oder Beerdigungen genutzt wird, manchmal aber auch einfach nur eine Abstellkammer ist.

Man hat also den Altarraum außer Gebrauch gestellt und auch räumlich abgeteilt, den Pfarrer vom Altar weggeholt und mit der Kanzel in die Mitte der Gemeinde gestellt. Der reformierte Gottesdienst ist Predigtgottesdienst, der reformierte Kirchenraum auf die Kanzel, den darunter befindlichen Abendmahlstisch und den dabeistehenden Taufstein hin orientiert.

So findet man in vielen unserer Kirchen die Orgel im Angesicht der Gemeinde, während in lutherischen und unierten Kirchen in der Regel die Orgel auf einer rückwärtigen Empore an der Westwand steht. Warum hat man das so gemacht? Weil auf dem Lettner Platz war. So brauchte man nicht eine gesonderte Orgelempore zu errichten und auch keine Bänke hinten aus der Kirche zu nehmen, sondern hatte bereits einen Platz zur Verfügung. Wahrscheinlich hängt die Platzierung der Orgel aber auch damit zusammen, dass in den ersten hundert Jahren der reformierten Kirche keine Orgeln in der Kirche vorhanden waren. Dafür gab es einen Kantor, einen Vorsänger. Der leitete den Gesang der Gemeinde mit seiner Stimme. Dazu stand er auf der „Kantorenkanzel", und das war oftmals eben der Platz, auf dem die Lesekanzel des Lettners sich befand. Später, als die Orgel den Kantor ablöste, hat man die Orgel hierher gestellt. So steht die Orgel heutzutage oftmals genau an der Stelle, von der aus im mittelalterlichen Gottesdienst die Schriftlesung gehalten wurde und später der Kantor gesungen hat, und verkündet von dort das Lob Gottes.

Hölzerner Lettner (Hinte)

10 *Die Kerzen und der Kuss*

Im vorigen Kapitel erzählte ich vom Gottesdienst der EKD-Synode im Magdeburger Dom. Da stieg ein Synodaler auf den Lettner, die „Lesekanzel", um von dort die Schriftlesung zu halten. Als er sich zur Lesekanzel begab, ging er jedoch nicht allein, sondern wurde von zwei Personen begleitet, die ihm rechts und links zwei große Kerzen vorantrugen und ebenfalls auf dem Lettner Platz nahmen. In anglikanischen Kirchen kann man es erleben, dass zu Beginn des Gottesdienstes der Priester mit der Bibel in der Hand in den Kirchenraum einzieht, ebenfalls rechts und links begleitet von zwei Kerzen tragenden Personen. Diese in der Regel auf langen Stangen befestigten und mit einem Glaszylinder umgebenen Kerzen werden neben den Altar gestellt, auf dem die Bibel niedergelegt wird. Dafür befinden sich am Altar rechts und links metallene Ösen, in die die Stangen hineingestellt werden. In lutherischen und unierten Kirchen hat man den Brauch der „Eingangsprozession" aufgegeben. Die Kerzen werden nicht mehr hereingetragen, sondern stehen beständig auf dem Altar. Ursprünglich aber wurden sie im Geleitzug des Priesters nach vorne getragen. So kamen die Kerzen auf den Altar.

Bei diesem feierlichen Einzug pflegte man den „Introituspsalm" zu singen, dessen lateinische Anfangsworte dem Sonntag seinen Namen im Kirchenjahr gegeben haben. Noch heute gibt es im Gesangbuch eine Abteilung „Eingangslieder". Sie waren ursprünglich nicht auf den Eingang, d. h. den Beginn des Gottesdienstes bezogen, sondern wortwörtlich auf den „Eingang", die Eingangsprozession des Pfarrers in die Kirche am Beginn des Gottesdienstes. Reformierte Gemeinden haben diese Eingangsprozession nie gekannt, doch der alte Brauch lebt auch bei ihnen versteckt darin fort, dass vielerorts als erstes Lied ein Psalm gesungen wird.

Warum machte man das? Ich meine: Warum trug man in feierlicher Prozession zwei Kerzen in die Kirche? Die naheliegende Vermutung, es ginge dabei darum, Licht zum Lesen zur Verfügung zu haben, führt in die Irre. Der Hintergrund ist ein anderer. Die frühe christliche Kirche hat, nachdem das Christentum sich durchgesetzt hatte und zur anerkannten Religion im Römischen Reich geworden war, zur „Reichskirche", in ihren Gottesdiensten das Zeremoniell übernommen, das am Kaiserhof in Byzanz üblich war. In römisch-katholischen und anglikanischen Kirchen wird diese Sitte noch heute fortgeführt. Dem römischen Kaiser gebührte bei öffentlichen Auftritten die Begleitung durch zwei Lichter tragende Personen. Als die Kaiser Christen geworden waren, wurde ihnen auch das Kreuz, auf einer Stange befestigt, vorangetragen. Außerdem kam der Kaiser nicht allein, sondern mit einem Gefolge. So wird in römisch-katholischen und anglikanischen Kirchen noch heute der Bischof von anderen Klerikern begleitet, mindestens von den Ministranten, wenn vorhanden, auch von einem vorangehenden Knabenchor, der „schola", d. h. den Kindern der bischöflichen Domschule, und zieht mit Gesang in feierlicher Prozession in die Kirche zum Gottesdienst ein. Dabei trägt er die „liturgischen Gewänder", die uns heute so fremdartig und ehrwürdig vorkommen. Sie sind aber nichts anderes als die Alltagskleidung eines damaligen kaiserlichen Hofbeamten.

Außerdem gebührte dem Kaiser der zeremonielle Kuss. Die christlichen Kirchen, die diesen Brauch noch heute weiterführen, spielen damit das byzantinische Hofzeremoniell nach. Dieses Zeremoniell gilt jedoch nicht dem Priester oder Bischof, sondern hat eine andere Bezugsgröße. In jeden Altar einer römisch-katholischen Kirche sind Reliquien eines Märtyrers eingefügt. Ihm zu Ehren wird die Lichterprozession gehalten; ihm zu Ehren beugt sich der römisch-katholische Priester bei Erreichen des Altars nach vorne und küsst den Altar. In anglikanischen Kirchen ist dieser Brauch von den

Gebeinen des Heiligen auf die Bibel übertragen worden. Darum wird in anglikanischen Kirchen, aber auch in reformierten Kirchen in England, am Beginn des Gottesdienstes die Bibel feierlich hereingetragen, auf dem Altar niedergelegt und mit dem zeremoniellen Kuss begrüßt.

Die reformierten Kirchen haben Kerzen und Kuss nicht übernommen. In einer reformierten Kirche gibt es keinen Altar, sondern einen Abendmahlstisch. In diesem ist selbstverständlich keine Reliquie eines Heiligen verborgen. Darum stehen auf dem Tisch auch keine Kerzen. Die Abschaffung der Kerzen in der reformierten Kirche rührt also nicht daher, dass man etwas gegen Kerzenbeleuchtung einzuwenden gehabt hätte. Vielmehr wussten die Vorfahren genau, warum Kerzen auf dem Altar stehen: zu Ehren des Heiligen, dessen Reliquie im Altar eingemauert ist. Gegen diesen Brauch, die Heiligenverehrung, wandten sie sich und haben darum nicht nur den Altar, sondern auch die Kerzen abgeschafft.

In lutherischen und unierten Kirchen in Deutschland findet man heute Kerzen auf dem Altar, dazu rechts und links Blumen und in der Mitte ein Kreuz; in lutherischen Kirchen oft ein Kreuz mit Corpus, ein Kruzifix, in unierten Kirchen nur das Kreuz. Auf dem kleinen Pult zwischen den Kerzen, vor dem Kreuz, liegt aber nicht etwa die Bibel, sondern die Agende. Die Bibel liegt auf dem Lesepult, das heute in der Regel an der rechten Seite, vom Altar aus gesehen, auf der Grenze zwischen Altarraum und Gemeinderaum steht, genau an der Stelle, wo sich im mittelalterlichen Kirchen der Lettner befand. Diese Anordnung und auch die Ausrüstung des Altars mit Kerzen, Kreuz und Blumen ist jedoch relativ jung: sie stammt aus der ersten Hälfte des 19. Jahrhunderts. Man nennt sie den „preußischen Altar".

In reformierten Kirchen gibt es das alles nicht. Dort wird der Tisch in der Regel nur für die Abendmahlsfeier benutzt; der Pastor oder die Pastorin befindet sich meist während des gesamten Gottesdienstes auf der Kanzel. Gelegentlich findet sich eine „Schaubibel" auf dem Tisch oder – was ich angemessener finde – in jedem Gottesdienst stehen dort die Abendmahlsgeräte, auch wenn keine Abendmahlsfeier stattfindet. So wird sichtbar gemacht, wozu der Tisch in der Kirche dient.

11 *Tischgemeinschaft*

In reformierten Kirchen gibt es keinen Altar. Das ist richtig. Doch andererseits: Es gibt auch mehr als nur eine Kanzel. Taufbecken und Abendmahlstisch sind zusammen mit der Kanzel die drei „Hauptstücke" einer reformierten Kircheneinrichtung.

Darin spiegelt sich, dass Gott uns nicht allein im Wort der Predigt begegnet. Er begegnet uns auch in den Verkündigungshandlungen, die man gewöhnlich Sakramente nennt: Taufe und Abendmahlsfeier. Der Abendmahlstisch erinnert

Zur Abendmahlsfeier gedeckter Tisch (Weener)

daran, auch wenn an ihm nicht in jedem Gottesdienst das Mahl Christi gefeiert wird.

In der Reformationszeit wurde in Ostfriesland und den Niederlanden, ausgehend von Emden, eine Form der Abendmahlsfeier eingeführt, die man als „sitzende Kommunion" bezeichnet: Alle Teilnehmenden am Mahl sitzen um den Tisch, wie die Jüngerschar Jesu beim ersten Abendmahl zu Tisch gesessen hat. Die Situation des Letzten Mahles Jesu, das zugleich das erste Abendmahl war, wird so sichtbar nachvollzogen. Das ist eine gute Form, die nicht ohne Grund aufgegeben werden sollte. Sie zeigt, dass wir in einer Geschichte des Glaubens stehen, die schon vor uns begonnen hat und über unser Leben hinausreicht. Vor uns haben andere an diesem Tisch gesessen, nach uns werden es weitere Gemeindeglieder sein. Zugleich ist der Abendmahlstisch in unserer Kirche symbolisch identisch mit dem Tisch des ersten Mahles Jesu ebenso wie mit dem Tisch des Freudenmahls in dem kommenden Reich Gottes, von dem Jesus gesprochen hat. Im recht verstandenen Sinn kann man sagen: Wer hier und heute am Tisch des Herrn Platz nimmt, sitzt dort, wo er auch im Reich Gottes sitzen wird. Er hat seinen Platz gefunden.

Die Form der sitzenden Abendmahlsfeier bringt sichtbar zum Ausdruck, dass das Mahl Christi uns zur Gemeinschaft zusammenschließt, zur Gemeinschaft mit Christus ebenso wie zur Gemeinschaft miteinander. Es ist die Gemeinschaft des Glaubens und der Teilhabe an dem Heil Christi in seiner Gemeinde.

Es hat im Bereich des Reformiertentums andere Formen der Abendmahlsfeier gegeben und gibt sie noch immer. Eine davon ist die „Wandelkommunion". Die geht so vor sich, dass die Teilnehmenden am Mahl in einer langen Reihe im Gang des Kirchenschiffs stehen und einer nach dem anderen an den Tisch treten, wo sie Brot und Wein empfangen.

Außerdem gibt es noch die „Züricher Form": Die Teilnehmenden am Mahl bleiben in den Bänken sitzen, während die Ältesten und Diakone Brot und Wein zu ihnen bringen, Teller und Becher durch die Reihen von einem zum anderen gereicht werden.

Heutzutage trifft man auch in reformierten Kirchen öfters auf die „stehende Kommunion": Die Teilnehmenden am Mahl stehen in einem Halbkreis um den Tisch, während der Pastor oder die Pastorin und Älteste Brot und Wein jedem einzelnen darreichen. Diese Form ist dem Zeremoniell der lutherischen Kirchen nachgebildet. Dort hat es jedoch einen bemerkenswerten Wandel gegeben: früher knieten die Teilnehmenden am Mahl vor der Chorschranke, die halbkreisförmig den Altar umgab. In Deutschland findet man heute die Chorschranke kaum noch, anders als z. B. in Skandinavien. Dementsprechend kniet die Gemeinde nicht mehr beim Abendmahlsempfang, sondern steht im Halbkreis. Es gibt auch eine Mischform: Die Teilnehmenden stehen im Halbkreis um den Abendmahlstisch, doch werden Brot und Wein nicht jedem einzeln gereicht, sondern Teller und Becher werden von einem Teilnehmer zum anderen weitergegeben.

In vielen Gemeinden ist es noch heute so, dass der Pastor oder die Pastorin zu Beginn des Gottesdienstes auf die Kanzel geht und den ganzen Gottesdienst über dort bleibt. Der Tisch wird nur für die Abendmahlsfeier verwendet. Mancherorts ist es allerdings auch üblich, dass die Schriftlesung und das Eingangsgebet vom Abendmahlstisch aus gehalten werden. Ein reformierter Pastor steht dabei nicht vor, sondern hinter dem Tisch. Übrigens: auch wenn das liturgische Formular der Abendmahlsfeier gelesen wird, steht der Pastor oder die Pastorin hinter dem Tisch. Warum?

Die Antwort ist einfach: Weil es schon immer so war. Genauer gesagt: schon in der mittelalterlichen Kirche stand der „Volks"-Altar auf der Grenze zwischen dem Altarraum mit dem Hochaltar und dem Gemeinderaum, und der Priester zelebrierte hinter dem Altar stehend, mit dem Gesicht zur Gemeinde. So ist es seit dem 2. Vatikanischen Konzil auch in römisch-katholischen Gemeinden wieder üblich geworden. Die Reformierten haben diesen Brauch schlicht und einfach beibehalten. Sie haben die Verlagerung nicht mitvollzogen, durch die der Altar in den hinteren Teil des Altarraums rückte und, wenn in lutherischen oder katholischen Kirchen ein Altarbild angebracht wurde, nicht mehr die Möglichkeit bot, dass der Pastor oder Priester hinter dem Altar stehend zur

Gemeinde gewendet amtierte. Die reformierten Gemeinden haben den mittelalterlichen Brauch beibehalten, die römisch-katholische Kirche ist dahin zurückgekehrt. Die lutherischen Kirchen zögern noch sehr, den Altar wieder in die Mitte der Gemeinde zu stellen. Doch es wäre gut, das zu tun. Denn der Tisch des Herrn sollte auch baulich in der Mitte der versammelten Gemeinde stehen. Die Gemeinde als das Volk Gottes versammelt sich um den Tisch des Herrn. So wurde und wird noch immer sichtbar, dass der Tisch des Herrn der „Tisch der Gemeinde" ist und nicht einen Ort darstellt, an dem der Pastor oder Priester allein vor Gott tritt.

In manchen Gemeinden geht man heutzutage dazu über, die Form des gemeinsamen Sitzens am Abendmahlstisch aufzugeben und statt dessen die Züricher Form zu praktizieren, also Brot und Wein durch die Bankreihen zu geben. Das ist nicht unmöglich, andererseits aber auch keine Verbesserung. Sicher, den Gemeindegliedern wird so nicht mehr zugemutet, die Bank zu verlassen, durch die Kirche zum Abendmahlstisch zu gehen und sich so sichtbar als Abendmahlsteilnehmer darzustellen. Andererseits ist der evangelische, auch der reformierte Gottesdienst so bewegungsarm, dass der Gang zum Abendmahlstisch keine Überforderung darstellen dürfte. Auch hat es mich immer etwas seltsam berührt, wenn der Pastor am Ende der Abendmahlsliturgie sagte: „Kommt, denn es ist alles bereit" – und dann kam niemand, weil alle in ihren Bänken bleiben sollten und der Pastor oder die Ältesten mit Brot und Wein zu ihnen hingingen. Da stimmen Worte und Bewegungen nicht mehr so ganz überein.

12 Die Kanzel

Keine Kirche ohne Kanzel – so kann man es heute überall feststellen, in den Kirchen aller Konfessionen – außer bei den Orthodoxen. Das ist nicht immer so gewesen. Erst die Bettelorden haben im 13. Jahrhundert die ausschließlich der Predigt dienende Kanzel erfunden. Ältester Ort für die Predigt war der Thron des Bischofs im Scheitel der Apsis, des Altarraums. Von hier pflegte er nach antiker Sitte sitzend zu predigen. Wenn heute der Papst bei einer Generalaudienz in der Peterskirche oder auf dem Petersplatz eine „Katechese" genannte Predigt im Sitzen hält, so nicht aus Gebrechlichkeit, sondern weil es schon immer so war. Vom Ende des 4. Jahrhunderts an hat man die Predigt oft vom Lesepult gehalten, um näher bei der Gemeinde zu sein. Im 12. Jahrhundert wurde der Lettner zum Predigtort; seine ursprüngliche Funktion ist es, Lesekanzel und Predigtkanzel zu sein und erst in zweiter Linie stellt er die Trennwand zwischen Gemeinderaum und Altarraum dar.

Die Bettelorden des 13. Jahrhunderts belebten die Predigttätigkeit der Kirche wieder, um den sich ausbreitenden Ketzerbewegungen zu begegnen. Das geschah vor allem durch Predigten im Freien. Dafür brauchte man einen erhöhten und transportablen Standort, den sie in Gestalt einer kleinen, quadratischen Holzkanzel, die mit vier Stützen und einer kleinen Treppe versehen war, mit sich führten. Wenn die Bettelorden Kirchen bauten, begannen sie nicht, wie üblich, mit dem Altarbereich, sondern bauten die Kirche um die Kanzel herum, die einen festen Platz in der Mitte einer Längswand, meist im Süden, erhielt. Die Kanzel stand nun in der Mitte der Kirche, relativ weit vom Altarraum entfernt. In der Reformationszeit wurde in den evangelischen Kirchen diese Anordnung beibehalten. Die Reformierten gruppierten die Bänke im Halbkreis um die Kanzel, weil sie keinen Altarraum in ihrer Kirche hatten. In der lutherischen und der römisch-katholischen Kirche entstand das Problem, dass die Kirche nun zwei Pole besaß: Altarraum und Kanzel. Oft behalf man sich so, dass die Bänke, die zwischen der in der Mitte der Südwand angebrachten Kanzel und dem Altarraum aufgestellt waren, so dass die Menschen mit dem Rücken zur Kanzel saßen, eine klappbare Rückwand erhielten. Zu Beginn der Predigt standen die Leute auf, klappten die Bank zurück, setzen sich wieder und schauten nun auf die Kanzel. Und nach der Predigt standen sie wieder auf, klappten die Rückenlehne zurück und schauten wieder zum Altar.

Eine besondere Spielart der Kanzel ist die Außenkanzel, so genannt, weil sie außerhalb der Kirche steht, manchmal an die Kirchenwand angebaut, aber auch freistehend. 135 davon sind in Europa nachgewiesen. Die Mehrzahl entstand im 15. Jahrhundert im Zuge der damals auflebenden Predigttätigkeit. Im 17. Jahrhundert kommen auch auf evangelischen Friedhöfen freistehende Kanzeln vor.

Nach dem 30jährigen Krieg hat man, um das zweimalige Umklappen der Rückenlehnen der Bänke zu vermeiden, die Kanzeln von der Mitte der Südwand an den südlichen Chorbogen umgestellt, wo sie in den meisten lutherischen und unierten Kirchen noch heute zu finden ist, gleichsam auf der Grenze zwischen Altarraum und Gemeinderaum.

In der Barockzeit wurde, allerdings nur in den lutherischen Kirchen, eine neue Form der Kanzel geschaffen: der Kanzelaltar. Solche Kirchen haben keine Apsis, sondern schließen rechteckig ab. Der Altar steht in der Mitte der Ostwand, die Kanzel darüber. Darüber manchmal noch die Orgel. Man tat das, um so die Einheit von Wort und Sakrament (Kanzel und Altar) sichtbar darzustellen und die Zweipoligkeit des Kirchenraums aufzuheben. Im Barock wurden ebenfalls Emporen in die Kirche eingebaut, die nun als umlaufende Emporen, manchmal in zwei Etagen, von drei Seiten her den Raum einrahmen und ihm ein einheitliches Gepräge geben.

Eine weitere Sonderform sind die Schiffskanzeln. Hier ist die Kanzel ohne Träger an der Wand befestigt und als Schiffsrumpf ausgebildet, von dem aus mit Netzen gefischt wird. Der Schalldeckel wird oft als Takelage gestaltet. Diese Form begegnet nicht etwa in alten Fischerdörfern, sondern vor allem in römisch-katholischen Wallfahrtsorten.

In der Neuzeit hat man mit dem Aufstellungsort der Kanzel experimentiert: Im 19. Jahrhundert stellte man zuweilen die Kanzel erhöht hinter den Altar, gelegentlich aber auch mittig vor ihn in die Achse der Kirche. Sie trennte nun den Altar- oder Abendmahlsraum vom Predigtraum. Diese Aufstellungsweise wurde jedoch bald wieder aufgegeben. Neubauten des ausgehenden 19. bis 20. Jahrhunderts platzieren die Kanzel in der Regel am südlichen Chorbogen zwischen Altarraum und Gemeinderaum.

In lutherischen und unierten Kirchen ist die Kanzel mit einem Parament, einem kleinen Stoffvorhang, geschmückt, dessen Farbe und Symbolik mit dem Kirchenjahr wechselt. Figürliche Verzierungen der Kanzel wurden im 20. Jahrhundert kaum mehr angebracht. Vorher waren sie die Regel, außer natürlich in reformierten Kirchen. Bevorzugt wurden auf der Außenseite der Kanzel die vier Evangelisten dargestellt, manchmal auch als Prediger bekannte Kirchenväter. Der Schalldeckel der Kanzel erreichte in der Barockzeit riesige Ausmaße und wurde ebenfalls figürlich geschmückt. Er war in der Anfangszeit mit einer Christusgestalt gekrönt, später mit Symbolen wie dem Pelikan, einem flammenden Herzen, einem Pinienzapfen oder einer Vase. Im Rokoko traten Gottessymbole wie z. B. ein Auge im Dreieck oder das Tetragramm, der hebräische Gottesname, an ihre Stelle, manchmal auch das Landeswappen oder das Monogramm eines fürstlichen Stifters mit einer Krone. Unterhalb des Schalldeckels, unmittelbar über dem Haupt des Predigers, findet sich häufig eine aus Holz geschnitzte Taube, die den Heiligen Geist symbolisiert. Auch in der reformierten Kirche in Vellage (Ostfriesland) ist eine solche Taube unter dem Schalldeckel angebracht. Da die Menschen früher kleiner waren als heute, schwebt sie nun bedrohlich nahe über dem Haupt des Predigers. Etwas größer gewachsene Pastoren kommen hier leicht mit dem Heiligen Geist in Gestalt der hölzernen Taube in Konflikt.

In einer reformierten Kirche ist der Raum auf die Kanzel ausgerichtet, die Bänke sind auf die Kanzel hin orientiert. Kanzel, Taufstein und Abendmahlstisch bilden das Zentrum des Raumes. Das ist sachgemäß, denn Predigt, Taufe und Abendmahl sind die Mitte der gottesdienstlichen Versammlung der Gemeinde. In der Mehrzahl der reformierten Gemeinden ist es üblich, dass der Pastor oder die Pastorin während des gesamten Gottesdienstes auf der Kanzel verweilt und von dort aus den Gottesdienst leitet. Auf der Kanzel befindet sich eine Sitzgelegenheit, damit der Pastor während des Singens sitzen kann. Hier nähert sich die reformierte Kanzel dem Typus des „Predigtstuhls", der eingangs erwähnt wurde: dem Thron des Bischofs der Alten Kirche, der von dort aus zu predigen pflegte. Allerdings predigen die reformierten Pastoren und Pastorinnen nicht im Sitzen, sondern im Stehen. Das zumindest unterscheidet sie von einem altkirchlichen Bischof.

Renaissancekanzel von 1580 (Uttum)

13 *Die Kirchenbank*

Keine Kirche ohne Bänke oder Stühle – das ist doch selbstverständlich. So sind wir es gewohnt. Wer kann eine ganze Stunde lang stehen? Allerdings gibt es in orthodoxen Kirchen keine Sitzgelegenheiten. Die Gemeinde steht und der Gottesdienst dauert drei bis vier Stunden.

Früher war das auch bei uns so. Sitzgelegenheiten gab es nur im Altarraum für den Priester oder Bischof und die Ministranten. Die Gemeinde nahm stehend am Gottesdienst teil. Das hat sich geändert, seit in der Reformationszeit in den evangelischen Kirchen die Predigt in den Mittelpunkt des Gottesdienstes trat. Vor allem in reformierten Kirchen wurden nun sehr bald Sitzgelegenheiten geschaffen. Zunächst waren es einfache Bänke, nicht mehr als Bretter ohne Rückenlehne, die man aufstellte. In einer kleinen reformierten Kirche im Engadin (Schweiz) traf ich letztens noch solche Kirchenbänke an. Sie standen auf der linken Seite der Kirche, einfache, dicke Bretter, mit einem hölzernen Rahmen untereinander verbunden, über den man hinwegsteigen musste, um sich hinsetzen zu können. Auf der rechten Seite des Kirchenraums hingegen waren die Bänke mit Rückenlehnen versehen. Der Kundige weiß: In derselben Zeit, in der man Bänke in der Kirche aufzustellen begann, fing man auch an, die Gesellschaft nach Ständen zu gliedern und diese ständische Gliederung in der Kirche sichtbar darzustellen. Dazu gehörte, dass Männer und Frauen ihren Platz in verschiedenen Teilen der Kirche fanden. Ehepaare oder Familien saßen nicht zusammen in der Kirche. Die Männer saßen links, die Frauen rechts, die Kinder auf der Empore, soweit vorhanden. So waren in der kleinen Engadiner Kirche die Bänke auf der rechten Seite mit Rückenlehnen versehen und offensichtlich für die Frauen bestimmt. Das fand ich recht sympathisch.

In einer reformierten Kirche wurden die Bänke so aufgestellt, dass alle auf die Kanzel schauen konnten. Die Bänke standen im Rechteck oder Halbkreis um die Kanzel herum. Sie waren in früheren Zeiten recht schmal, mit senkrechten Rückenlehnen, um nicht zuviel Platz zu brauchen. In der Barockzeit wurde es üblich, die Kirchenbänke in ansteigenden Rängen anzuordnen, wie bei einem Theater. In der reformierten Kirche in Göttingen kann man das betrachten. In ostfriesischen Langhauskirchen hat man zumindest die hinten in der Kirche befindlichen Bänke „aufgetreppt". Das geschah nicht nur, damit man auch von hinten gut sehen konnte. Zu sehen gab es ohnehin nur den Pastor auf der Kanzel, und der wäre auch sichtbar gewesen, wenn man die Bankreihen nicht aufgetreppt hätte. Es ging nicht um das Sehen, sondern um das Gesehenwerden. Die soziale Gemeinschaft der Gemeinde oder des Dorfes stellte sich in dem öffentlichen Raum der Kirche in ihrer Gliederung nach Alter, Geschlecht und Stand sichtbar dar. Der Kirchenraum wurde zur Bühne der Selbstdarstellung. Das war den Menschen damals wichtig.

Mit der Einführung der Kirchenbänke wurden die Gottesdienstteilnehmer körperlich „stillgestellt". Sie konnten nicht mehr während des Gottesdienstes umhergehen. Sie konnten auch nicht niederknien, sondern mussten die ganze Zeit sitzen. Sie standen nur auf, um am Ende des Gottesdienstes nach Hause zu gehen. In römisch-katholischen und anglikanischen Kirchen baute man „Kniebänke", die das Niederknien während des Gebets erlauben. Kaum einer kann sich es heute noch vorstellen, es ist aber trotzdem wahr: auch im reformierten Gottesdienst pflegte die Gemeinde zum Gebet niederzuknien. Da das in den Bänken nicht möglich war, traten die Gemeindeglieder zum Gebet aus der Bank und knieten gemeinsam im Gang zwischen den Bankreihen. Achten Sie einmal darauf, wie unverhältnismäßig breit in älteren Kirchen dieser Gang ausgelegt ist. Er sollte für alle Platz zum Niederknien bieten.

Warum man niederkniete? Es war eine Geste der Ehrerbietung. Das Gebet richtet sich an Gott. Gott steht höher als wir Menschen. Mit ihm kann man nicht auf gleicher Augenhöhe reden. Der Höhergestellte sitzt beim Gespräch. Der niedriger Gestellte steht oder kniet. So empfand man es damals als angemessen. Wir haben das aufgegeben. Ist damit vielleicht auch das Gefühl dafür geschwunden, dass wir mit Gott nicht von Gleich zu Gleich reden können, sondern dass unser Gebet in Ehrfurcht und Ehrerbietung geschehen muss?

In vielen Kirchen wurden in der Barockzeit Emporen eingebaut. Das geschah, weil die Gemeinden wuchsen. Die Bevölkerung stieg an. Dort, wo es üblich war, dass die Männer auf der Empore Platz nehmen, erhöhte man den Ort der Kanzel. Der Pastor – selber ein Mann – redete mit den Männern auf der Empore. Frauen und Kinder im Kirchenraum durften zuhören.

Weit verbreitet war die Sitte, die Plätze in der Kirche zu vermieten. Die Gemeinden finanzierten damit den Unterhalt des Kirchengebäudes. Erst nach dem 2. Weltkrieg kam dieser Brauch in Fortfall. Die Vermietung der Sitzplätze in der Kirche hatte leider zur Folge, dass nur der auf einem bestimmten Platz sitzen durfte, der dafür bezahlt hatte. Wehe, wenn jemand sich auf einen Platz setzte, der ihm nicht gehörte! Er wurde unweigerlich „aufgejagt", wenn der Eigentümer erschien. Wie war das mit den Menschen, die zu arm waren, um sich einen Platz in der Kirche zu kaufen? Die durften im Gang stehen. Es bedurfte erst eines königlichen Dekrets, um die Gemeinden zu veranlassen, für die Armen Sitzgelegenheiten in der Kirche zu schaffen, die „Armenbänke". Sie wurden meist ganz vorne aufgestellt und waren natürlich nicht mit Rückenlehnen versehen. Man muss es mit der Nächstenliebe ja auch nicht zu weit treiben.

Eine Besonderheit in Norddeutschland ist das „Kastengestühl". Man findet es nicht nur in reformierten Kirchen. Hier sind die Bankreihen mit einer Tür versehen. Man tat das wegen der Kälte und der Zugluft. Es gab ja noch keine Kirchenheizung. Wer es konnte und wollte, brachte sich ein Stück glimmenden Torf mit und hatte sein „Stovke" an seinem Platz stehen, eine Fußbank, die mit dem Torfstück beheizt wurde. So konnte er die Füße warm halten. Ein reformierter Gottesdienst dauerte vor 200 Jahren ebenfalls zwei bis drei Stunden, und das in einer ungeheizten Kirche. Man kann sich heute nicht mehr ausmalen, was es bedeutet, wenn in einer Kirche 10, 50 oder mehr als 100 Torfstücke in den Stovkes vor sich hin glimmen. Manchem mag dabei die Luft knapp geworden sein.

14 *Die Königin*

Die Orgel wird die Königin der Instrumente genannt. Genauer gesagt ist sie eine Ansammlung von (Blas-)Instrumenten, ein Orchester, das von einem einzigen Menschen zum Klingen gebracht wird.

Orgel 1457 (Rysum)

Im 3. Jahrhundert v. Chr. hat der griechische Ingenieur Ktesibios in Alexandrien (Ägypten) die Orgel erfunden. Sie verbreitete sich bald rund um das Mittelmeer als Luxusinstrument der Reichen. Im Ritus der Kaiserehrung und im Zirkus fand sie Verwendung. Sie spielte, während in der Arena christliche Märtyrer von Raubtieren zerfleischt wurden. Die älteste in Teilen erhaltene Orgel stammt von 228 n. Chr. und wurde 1931 bei Budapest gefunden. 757 erhielt der fränkische König Pippin vom oströmischen Kaiser eine Orgel als Zeichen diplomatischer Anerkennung geschenkt. Im Abendland wurde die erste Orgel 826 gebaut. Während in der Zeit der Alten Kirche die Verwendung von Instrumenten im Gottesdienst verboten war, fand die Orgel während des Mittelalters ihren Platz im Gottesdienst, wahrscheinlich durch die Übertragung des Ritus der Kaiserehrung auf die Bischöfe, die hohe Reichsbeamte waren. Sie spielte für den Bischof, nicht für Gott. Von 1200 an entdeckte man, dass auch große gotische Räume sich durch entsprechend große Orgeln mit Klang erfüllen ließen. Die Orgel mit der Vielzahl ihrer farbigen Stimmen, wie wir sie heute kennen, entstand an der Schwelle des Barock.

Wer heute eine Kirche betritt, sieht vor sich zunächst den Prospekt der Orgel, also das sichtbare Pfeifenwerk. Hier gibt es zwei Grundtypen: die „Brabanter Orgel", die in den Niederlanden entwickelt wurde und den französischen Orgelbau prägte. Hier sind alle Pfeifen in einem großflächigen Gehäuse vereinigt. In Norddeutschland erweiterte man diesen Typ um ein groß ausgebautes Pedalwerk, das oft in zwei Pedaltürmen rechts und links des Hauptwerks aufgestellt wurde: der „Hamburger Prospekt".

Die gottesdienstliche Musik des Mittelalters war gesungene Musik. So wurden auf der Orgel dieselben musikalischen Formen gespielt, die durch den Chor gesungen wurden. Die Orgel konnte innerhalb des liturgischen Wechselgesangs den Chor ersetzen oder ergänzen. Für die Begleitung des Gemeindegesangs wurde sie nicht verwendet. In der mittelalterlichen Kirche gab es keinen Gemeindegesang.

Die evangelischen Kirchen führten in der Reformationszeit den Gemeindegesang ein, ausgenommen die Kirche von

Zürich. Doch wurde auch jetzt der Gemeindegesang nicht mit der Orgel begleitet. Sie behielt ihre rein liturgische Funktion. So konnte sie innerhalb des lutherischen Gottesdienstes weiter verwendet werden. Die reformierte Gottesdienstform, die keine liturgischen Wechselgesänge kennt, hatte für die Orgel keinen Bedarf. Es gab zwar Orgeln in den reformierten Kirchen, doch wurden sie nicht im Gottesdienst gespielt. Vielmehr entwickelte sich in den großen reformierten niederländischen Städten vom Ende des 16. Jahrhunderts an die Kunstform des Orgelkonzerts am Sonntagnachmittag. Die Orgel war städtisches Eigentum, der Organist städtischer Angestellter.

Erst in der Zeit des 30jährigen Krieges entdeckte man, dass sich die Orgel auch für die Begleitung des Gemeindegesangs gebrauchen lässt. Bis dahin hatten alle evangelischen Gemeinden, lutherische wie reformierte, ohne Orgelbegleitung gesungen. Nachdem einmal diese Entdeckung gemacht war, wurden auch in den reformierten Kirchen wieder Orgeln eingebaut. Eine der frühesten ganz auf die Begleitung des Gemeindegesangs hin konzipierten Orgeln steht in Westerhusen (Ostfriesland). Seitdem finden sich auch in reformierten Kirchen wieder Orgeln und sind aus dem Gottesdienst nicht mehr fortzudenken.

Die Orgel ist ein mechanisiertes Blasinstrument. Jedem Ton entspricht eine Pfeife von bestimmter Länge. Die Länge definiert die Tonhöhe. Eine komplette Pfeifenreihe derselben Bauart für alle Töne vom tiefsten bis zum höchsten nennt man ein „Register". Die Register werden noch heute in „Fuß" bezeichnet. Dabei bezieht sich die Angabe auf die Länge der Pfeife, die den Ton C reproduziert. Sie hat eine Länge von acht Fuß, etwa 2,4 Meter. Das Grundregister kann durch Pfeifen derselben Bauart im Abstand von jeweils einer Oktave erweitert werden. Dadurch werden die Obertonreihen der Pfeifen verstärkt. So kennt man neben dem 8-Fußregister auch 4-Fuß-, 2-Fuß- und 1-Fußregister ebenso wie 16-Fuß- und 32-Fußregister. Letzteres hat beim Ton C eine Länge von 9,60 Meter.

In einer Orgel gibt es verschiedene Pfeifenfamilien. Das Grundregister ist der Prinzipal, auch Praestant genannt. Zu ihm gehören die sichtbaren Pfeifen im Orgelprospekt. Der Klangcharakter der Pfeife wird durch ihren Durchmesser bestimmt. Prinzipale haben einen mittleren Durchmesser und eine zylindrische Form. Sie ergeben einen warmen, vollen Klang. Ihre Gesamtheit, der „Prinzipalchor", stellt das klassische „Volle Werk" (Plenum, Plein jeu) mit seinem silbrigen Glanz dar. Hierher gehören auch Register, die die Obertonreihen mischen: Mixtur, Scharf, Zimbel, Sesquialtera und der Tertian.

Zu den Registern, die den Prinzipalen benachbart sind, gehören die Gedackte („Gedeckelte"). Sie sind auch zylindrisch gebaut, aber am oberen Ende mit einem Deckel geschlossen. Dadurch klingen sie eine Oktave tiefer, aber auch dunkler, weil ihnen einige Obertöne fehlen.

Die zweite Pfeifenfamilie sind die Flöten. Sie werden in sämtlichen Lagen gebaut und sind weite, zylindrische, manchmal auch kegel- oder trichterförmige Pfeifenreihen. Die dritte Familie sind die „streichenden" Register: Gambe, Salizional und andere. Sie waren besonders im 19. Jahrhundert beliebt.

All diese Pfeifenfamilien nennt man „Lippen- oder Labialpfeifen", weil bei ihnen die Töne nach dem Prinzip der Blockflöte gebildet werden. Eine grundsätzlich andere Art von Pfeifen sind die „Zungenregister". Hier schwingt in den Pfeifen eine Metallzunge. Von der Länge der Zunge, nicht von der Länge der Pfeife, hängt die Tonhöhe ab. Die Namen der Zungenregister beziehen sich auf ähnlich klingende Blasinstrumente: Trompete, Posaune, Krummhorn. Die Gesamtheit der Zungenregister bildet ihr zweites „Volles Werk" (Zungenplenum, Grand jeu).

Eine Orgel besitzt Klaviaturen, Tastenreihen, die mit den Fingern gespielt werden. Es können bis zu fünf Klaviaturen gestaffelt übereinander vorhanden sein. Außerdem gibt es das „Pedal", eine Tastenreihe, die mit den Füßen gespielt wird.

Die Orgel ist noch immer ein bedeutender Kulturträger, da sie vor allem in ländlichen Regionen für viele Menschen die einzige Möglichkeit ist, Musik unmittelbar zu erleben, ohne elektroakustische Vermittlung durch Radio oder Schallplatte. Das Mittelalter bewunderte an der Orgel nicht nur die Kunstfertigkeit der Mechanik, sondern auch die Darstellung der mathematischen musikalischen Proportionen in den Obertönen. So wurde das Strukturgesetz, nach dem man die Welt gebaut glaubte, hörbar und klingend erfahrbar. Die großen gotischen Orgeln in den weiten gotischen Kirchenräumen symbolisierten darüber hinaus wie die Kathedralen selber die Macht des mit technischen Mitteln die Welt gestaltenden Menschen. Bei der Orgel geschah das besonders eindrucksvoll, weil ein einzelner Mensch sie zum Erklingen bringt. Im 19. Jahrhundert wird der Orgelklang zum typischen Kennzeichen der „Kirchenmusik"; vorher hat man kirchliche und weltliche Musik nicht unterschieden. Nur ausnahmsweise wird die Orgel mit dem Symphonieorchester zusammen musikalisch verwendet. Namhafte Konzertsäle weisen jedoch oft eine Orgel auf. In anderen Teilen der Welt, z. B. in Japan oder Amerika, ist die Orgel viel mehr Konzert- als Kircheninstrument, während sie bei uns aus den Gottesdiensten nicht mehr wegzudenken ist.

15 Der Klingelbeutel

In vielen Kirchen hat er seinen festen, unübersehbaren Platz: der Klingelbeutel. Er besteht in der Regel aus schwarzem Samt, ist etwa 15cm lang, hat oft einen breiten Rand aus blankem Messing und ist an einer langen Stange befestigt. Es gibt ihn auch mit zwei kurzen Griffen. Oft ist an ihm eine kleine Schelle zu finden, um die Menschen auf sich aufmerksam zu machen. Seine Funktion ist klar: er dient zum Einsammeln von Spenden während des Gottesdienstes.

Die Größe des Klingelbeutels lässt erkennen, was in ihm gesammelt wird: Geldstücke und Geldscheine. Das ist nicht selbstverständlich. Klingelbeutel gibt es schon seit sehr langer Zeit, schon seit dem Mittelalter. Damals waren sie viel, viel größer. Sie hatten eher die Form eines Kartoffelsacks. Man sammelte in ihnen auch kein Geld, sondern Naturalien: Kohlköpfe, Gurken, Getreide – alles, was ein Mensch essen kann. Die verkleinerte Form dieses „Klingelsacks", der Klingelbeutel, setzt eine entwickelte Geldwirtschaft voraus. Erst seit wenigen hundert Jahren haben die Menschen Geld in der Tasche, von dem sie spenden können. So verwundert es nicht, dass die kleine Form des Spendensacks, eben der Klingelbeutel, zuerst in Westeuropa und in den westlichen Teilen Deutschlands erscheint, dort, wo sich am Ausgang des Mittelalters zuerst die Umstellung von Naturalwirtschaft und Tauschhandel auf eine entwickelte Geldwirtschaft vollzogen hat.

Der Klingelbeutel wird heute in der Mehrzahl der Gemeinden während des Liedes vor der Predigt eingesammelt. Das Einsammeln besorgen die Kirchenältesten. Das war nicht immer so. Der ursprüngliche liturgische Ort der Spendensammlung ist vor der Abendmahlsfeier. Hier wurden die Gaben für das Abendmahl eingesammelt. Was bei der Mahlfeier keine Verwendung fand, bekamen die Armen. Die Spendensammlung hat immer einen Bezug zur Diakonie gehabt. Darum waren es früher auch nicht die Ältesten, sondern die Diakone, die die Sammlung durchführten. Noch heute dient der Klingelbeutel in der Regel zur Sammlung von Spenden für die Diakonie der eigenen Gemeinde.

Der Klingelbeutel hat eine kleine Schwester: die Spendenbüchse. Manchmal ist sie an der Kirchenwand befestigt, oder sie steht auf einem gesonderten Ständer. In vielen ostfriesischen Gemeinden, die das Abendmahl am Tisch sitzend feiern, steht die Spendenbüchse auf dem Abendmahlstisch. Das kommt aus der Tradition Johannes a Lascos aus Emden her. Diese Sammlung hieß früher die „Beckendiakonie", wobei man noch zu unterscheiden wusste zwischen „hußsitzenden Armen", und „Vremdelings-Armen". Emden bot im 16. Jahrhundert vielen Glaubensflüchtlingen aus den benachbarten Niederlanden Zuflucht. Für sie gab es eine gesonderte Diakonie, die darum auch gesonderte Sammlungen durchführte. Die „hußsitzenden Armen" hingegen waren Gemeindeglieder aus der angestammten Bevölkerung. Hier ist der Bezug der Spendensammlung zum Abendmahl noch deutlich zu sehen. Das Abendmahl war schon immer die Quelle der Diakonie. In vielen Kirchen außerhalb Deutschlands, die von der englischen Tradition beeinflusst sind, wird der Klingelbeutel noch heute am Beginn der Abendmahlsfeier gesammelt und die Sammelbeutel alsdann nach vorne zum Altar oder Abendmahlstisch gebracht und dort niedergelegt. So wurde es im Mittelalter mit den Naturalgaben getan.

Der Klingelbeutel hat auch einen großen Bruder: den Opferstock. Wo es ihn noch gibt, steht er am Kircheneingang bzw. -ausgang, denn die Gottesdienstbesucher legen bei der Kollekte am Ausgang in ihn hinein. In den meisten Gemeinden ist es inzwischen wohl so, dass Kirchenälteste oder der Küster mit Sammelkörbchen an der Kirchentür stehen. Das war früher nicht so: es gab nur eine Sammlung im Gottesdienst, das „Armenopfer", also der Klingelbeutel oder die „Beckensammlung". Der Opferstock diente zur Sammlung von Spenden, die während der Woche bei einem eventuellen Besuch der Kirche dort niedergelegt wurden. Darum ist er oft auch von massiver Ausführung, aus festem Eichenholz und mit Eisenbändern beschlagen. Heutzutage ist die Kollekte am Ausgang für bestimmte übergemeindliche Zwecke gedacht. Dabei wird ein Teil der jährlichen Sonntagskollekten von der Synode der EKD festgelegt, ein Teil von der Gesamtsynode unserer Kirche; auch die Synoden der Synodalverbände können Kollekten ausschreiben. An den Sonntagen, für die kein Kollektenzweck festgesetzt ist, bestimmt der Kirchenrat über die Verwendung der Ausgangskollekte.

Warum sammelt man überhaupt im Gottesdienst, seien es Naturalien, sei es Geld? Weil die christliche Gemeinde nicht nur eine Glaubensgemeinschaft, sondern auch eine Lebensgemeinschaft ist und schon immer war. Darum gehört das „Armenopfer" im Sinne des geschwisterlichen Teilens in den

Klingelbeutel (Wymeer)

Gottesdienst. Wie der Heidelberger Katechismus erklärt: „... dass ich, besonders am Feiertag, zu der die Gemeinde Gottes fleißig komme. Dort soll ich Gottes Wort lernen, die heiligen Sakramente gebrauchen, den Herrn öffentlich anrufen und in christlicher Nächstenliebe für Bedürftige spenden." (Frage 103)

In unseren Gottesdiensten geschieht das Spenden für die Armen heutzutage eher nebenbei, beim Klingelbeutel, versteckt unter dem Gesang des Liedes vor der Predigt, oder im Vorübergehen am Kirchenausgang. Wäre es nicht besser, dem Geben für die Bedürftigen einen Platz im Gottesdienst einzuräumen, wo es bewusst wahrgenommen werden kann? Das könnte so aussehen, dass die Ältesten mit dem Klingelbeutel durch die Gemeinde gehen, ohne dass dazu gesungen wird oder die Orgel spielt oder etwas gesprochen wird, eben als bewusst erlebter Teil des Gottesdienstes wie andere Gottesdienstteile auch.

Zuletzt: der Klingelbeutel ist mittlerweile auf dem Wege, ein konfessionsspezifischer Gegenstand zu werden. Das meint: man trifft ihn fast nur noch in evangelischen Kirchen an. Die römisch-katholischen Gemeinden sind inzwischen fast ausnahmslos zur Verwendung von Sammelkörbchen übergegangen.

16 *Die Liedtafel*

Liedanzeigetafel (Hatzum)

Es gibt sie in jeder Kirche: die Liedtafel. Denn das Singen gehört zum Gottesdienst wie das berühmte Amen in der Kirche. Sie ist meist an der Wand befestigt, gelegentlich auch auf einem Ständer aufgehängt. Manchmal besteht sie aus einer Schiefertafel mit breitem Holzrahmen, rechteckig oder gerundet. Oder aus einem Holzrahmen, in den die Liednummern eingeschoben werden. Oder es sind Schienen an der Wand angebracht, in die man die Liednummern einstecken kann. Anders als in römisch-katholischen Kirchen findet man in evangelischen Kirchen fast nie die Anzeige des Liedes mit einem Diaprojektor, der die Nummer auf eine weiße Fläche wirft.

Das Anschreiben oder Anstecken der Lieder gehört zu den Aufgaben des Küsters bzw. der Küsterin. Manchmal werden sie mit Kreide in sorgsam verzierten Buchstaben und Zahlen auf der Liedtafel notiert. Die Lieder bekommt der Küster vom Pastor oder der Pastorin. Meist erst im Lauf des Samstags. Weithin legt der Pastor oder die Pastorin den gesamten Gottesdienstablauf fest: worüber gepredigt wird, welche Schriftlesung zu hören ist, welche Gebete gesprochen werden und eben auch, welche Lieder die Gemeinde singen wird. Eigentlich wäre es Aufgabe des Kirchenmusikers, der Kirchenmusikerin, die Lieder für den Gottesdienst auszusuchen, natürlich abgestimmt auf den Predigttext und auf die Zeit des Kirchenjahres. Bei uns ist es weithin anders; hier bestimmt der Pastor alles, jedenfalls im Gottesdienst. Gleichzeitig betonen wir, dass die reformierte Kirche keine Pastorenkirche sein will.

Alle Liedtafeln sind neueren Datums. In der mittelalterlichen Kirche sang die Gemeinde keine Lieder. Erst in der Reformationszeit setzt der Gemeindegesang ein. Bekannte Ausnahme: die Stadt Zürich unter dem Einfluss von Ulrich Zwingli. Im Lauf der Zeit hat die römisch-katholische Kirche nachgezogen und ebenfalls den Gemeindegesang eingeführt. Der Gebrauch von Liedtafeln setzt zweierlei voraus: dass die Gemeinde im Gottesdienst Lieder singt, und dass sie nicht auswendig singt, sondern ein Gesangbuch verwendet. Das wiederum setzt voraus, dass die Gemeindeglieder lesen können. Das ist für uns heute selbstverständlich, war es früher aber keineswegs. Da musste dann auswendig gesungen werden.

In vielen reformierten Kirchen findet sich in der ersten Zeile der Liedtafel die Abkürzung „Ps". Jeder weiß, dass damit ein Reimpsalm gemeint ist. Weithin ist es üblich, am Beginn des Gottesdienstes einen Reimpsalm zu singen. Das ist eine Fortführung des alten Brauches, den Gottesdienst mit einem Psalmgesang zu beginnen. In der mittelalterlichen Kirche wurde dieser Psalm beim Einzug des Priesters vom Chor gesungen. Im reformierten Gottesdienst hat die Gemeinde viele Aufgaben des Priesters und des liturgischen Chores selber übernommen. So singt sie noch heute den Eingangspsalm. Man kann Psalmen aber auch an anderen Stellen des Gottesdienstes singen.

Auf vielen Liedtafeln findet man auch ein V mit einem Punkt dahinter. Lieder bestehen in der Regel aus mehreren Strophen, und weil man nicht immer alle Strophen singen will oder kann, werden einzelne ausgewählt. Irgendwann hat jemand, der den Unterschied zwischen Bibel und Gesangbuch nicht mehr kannte, den Irrglauben in die Welt gesetzt, dass ein Lied aus Versen bestehe. Darauf soll das V. verweisen. Nun, die Bibel besteht aus Kapiteln und Versen. Ein Lied jedoch ist ein gesungenes Gedicht und hat keine Verse, sondern Strophen. Dennoch steht ein V. auf vielen Liedtafeln. Dieser Irrtum ist schon recht alt und bezieht seine Überlebenskraft aus der Macht der Gewohnheit.

Aufmerksame Gottesdienstbesucher haben sich gelegentlich gewundert, warum es in unseren reformierten Kirchen überhaupt Liedtafeln gibt. Nicht dass ihnen unbekannt gewesen wäre, dass im reformierten Gottesdienst gesungen wird. Aber sie erlebten, dass im Gottesdienst jedes Lied vom Pastor oder der Pastorin eigens angesagt wurde, manchmal mit Wiederholung der Liednummer, so als ob es die Liedtafel gar nicht gäbe. Dazu wurde auch noch die erste Strophe des Liedes verlesen. Warum? Offenbar, weil der Liedtafel nicht recht zu trauen ist. Oder weil man sich immer noch nicht daran gewöhnt hat, dass die Lieder „angeschlagen" sind und eine mündliche Ansage darum entbehrlich ist. Traut man den Gottesdienstteilnehmern nicht zu, anhand der Liedtafel das nächste Lied aufzusuchen? Ich weiß es nicht. Immerhin kann man die Beobachtung machen, dass die Leute in lutherischen oder römisch-katholischen Gemeinden anhand der Liedtafel die Lieder zu finden wissen, ganz ohne Ansage des Pastors. Sollten die Lutheraner und Katholiken klüger sein als wir Reformierten?

Natürlich ist das eine Nebensächlichkeit, und man könnte sie getrost beiseite lassen. Weshalb ich darauf eingehe, ist dies: der evangelische und insbesondere der reformierte Gottesdienst ist ohnehin schon sehr „pastorenlastig". Weithin ist der Pastor oder die Pastorin die einzige Person, die die Stimme im Gottesdienst erhebt und festlegt, was im Gottesdienst laut werden soll. Durch das Ansagen der Lieder und das Vorlesen ganzer Liedstrophen wird der Redeanteil der Pastoren im Gottesdienst nochmals verstärkt. Und das ist nicht gut. Wenn es denn schon so ist, dass Predigt, Schriftlesung, Gebete und oft auch Abkündigungen vom Pastor oder der Pastorin vorgetragen werden, dann sollten alle anderen „Sprechakte" im Gottesdienst auf das unabdingbar Notwendige reduziert werden. Ich betone das, weil gegenwärtig der Trend eher in die entgegengesetzte Richtung geht, nämlich, dass die Redeanteile der Pastoren und Pastorinnen immer mehr ausgeweitet werden. Das beginnt mit einer wortreichen Begrüßung am Anfang des Gottesdienstes und setzt sich fort mit einer Vielzahl von zusätzlichen Bemerkungen fast zu jedem Stück der gottesdienstlichen Feier. Dadurch wird verdeckt, dass es doch die Gemeinde ist, die den Gottesdienst feiert. Auch wenn dem Pastor oder der Pastorin wegen der Bedeutung der Predigt eine wichtige Rolle im Gottesdienst zukommt, sollte er oder sie doch darauf achten, dass er nicht zum Alleinunterhalter im Gottesdienst wird. Also: alle nicht unbedingt notwendigen Sprechakte im Gottesdienst unterlassen und sich auf das Gesetz der „liturgischen Sparsamkeit", ich könnte auch sagen: der „liturgischen Bescheidenheit", besinnen und darauf vertrauen, dass die Liedtafel nicht umsonst im Gottesdienstraum hängt und vom Küster oder der Küsterin sorgfältig beschrieben wurde. Die vorhandene Liedtafel macht jede Liedansage überflüssig – genau zu diesem Zweck wurde sie vor langer Zeit erfunden.

17 *Evangelisches Andachtsbild*

Es gibt ihn nicht in allen Kirchen. Aber man trifft ihn doch recht häufig: den Bibelspruch. Er zeigt sich teils an der Stirnwand der Kirche über der Kanzel, teils auch an den Seitenwänden, vorzugsweise über den Eingängen, aber auch außen über der Eingangstür oder an einem Eingangsportal zum Friedhof. Gerade die weißen Wände einer reformierten Kirche scheinen sich vorzüglich dazu zu eignen. Meist ist er in großen Lettern in Frakturschrift gehalten.

Das Vorhandensein eines Bibelverses als Wandspruch verweist auf eine eindeutige Frömmigkeitstradition. Es gibt ihn nur in evangelischen Kirchen, nicht nur in den Kirchgebäuden der Landeskirchen, sondern auch in freikirchlichen Kirchen und Kapellen, bei Baptisten oder Mennoniten. Auch die Versammlungsräume der Landeskirchlichen Gemeinschaften weisen ihn auf. Er ist eine eindeutig evangelische Erscheinung. Seine Anfänge datieren schon in das 17. Jahrhundert. Hier tritt er zuerst in reformierten Kirchen auf, während in lutherischen Kirchen die damalige Hinwendung zum biblischen Wort sich darin zeigt, dass der bildliche Schmuck der Kirche sich mehr auf die biblische Geschichte als auf Heiligengestalten bezieht. Auf breiter Front durchgesetzt hat sich der Bibelspruch an der Wand in Kirchen, die im 19. Jahrhundert gebaut oder neu gestaltet wurden. Sofern es sich dabei um ältere Kirchen handelte, hat man bei Renovierungen in der zweiten Hälfte des 20. Jahrhunderts die Sprüche meist wieder entfernt. In einer mittelalterlichen Kirche wären sie nicht „stilecht". Der Bibelspruch an der Wand der Kirche verweist auf das Vorherrschen einer von Pietismus und Erweckungsbewegung des 19. Jahrhunderts geprägten kirchlichen Frömmigkeit.

Die Sitte, die Kirchenwand mit Bibelsprüchen zu zieren, gehört in ein breiteres Umfeld, in welchem das biblische Wort hauptsächlich in Gestalt einzelner Sprüche, vorzugsweise von biblischen „Kernaussagen", Bedeutung für die evangelische Frömmigkeit hatte und hat. Ein naher Verwandter des Wandspruchs ist die Spruchkarte. Sie steht noch heute in vielen christlichen Häusern, wie ein Bild in einen Rahmen gesteckt, auf dem Tisch oder hängt an der Wand. Selbst in öffentlichen Räumen wie z. B. einer Bahnhofshalle kann man Bibelsprüche auf kleinen Plakaten als „Goldene Worte" antreffen. Weitere Erscheinungsformen sind der Taufspruch, der Konfirmationsspruch, der Trauspruch, dazu der Wochenspruch, der Monatsspruch und die Jahreslosung. Uns Heutigen mag es unvorstellbar erscheinen, aber all das war bis vor 200 Jahren noch völlig unbekannt, ist aber heute aus dem kirchlichen Leben nicht mehr wegzudenken. Die größte Verbreitung hat diese Wahrnehmung der Bibel in einzelnen „Sprüchen" in Gestalt der Herrnhuter Losungen gefunden. Ursprünglich gab es sie nur in den Kreisen der Herrnhuter Brüdergemeine; von der Mitte des 19. Jahrhunderts an aber eroberten die Herrnhuter Losungen die kirchliche Frömmigkeit, und so ist es bis heute. Der Bibelspruch ist gleichsam das evangelische Pendant zum katholischen Andachtsbild. Einzelne biblische Worte werden hier vor Augen gestellt, damit der Mensch sie liest, darüber nachdenkt, meditiert, sie verinnerlicht.

Der Bibelvers als Wandschmuck und Meditationsspruch innerhalb des Kirchenraums hat seinen Vorläufer in der Sitte, die Querbalken eines Fachwerkhauses mit Inschriften zu versehen. Gerade die hugenottischen, also reformierten Glaubensflüchtlinge aus Frankreich, die nach 1685 ihre Heimat verlassen mussten, haben ihre in deutschen Landen neu erbauten Häuser, wenn sie aus Fachwerk waren, nicht nur mit dem Namen der Erbauer und der Jahreszahl verziert, sondern auch mit Bibelsprüchen versehen, anfangs noch in französischer Sprache. Sie lebten aus der Bibel, es war Ausdruck ihrer gelebten Frömmigkeit.

In hugenottischen Kirchenbauten findet man in der Regel rechts und links neben der Kanzel zwei Tafeln mit dem Wortlaut der Zehn Gebote, etwa in der reformierten Kirche in Celle oder der in Schwabach (Franken) und anderswo. Ein weiteres frühes und in den Raum reformierter Kirchlichkeit weisenden Zeugnis der Sichtbarmachung des biblischen Wortes findet sich an Geräten, die zur Abendmahlsfeier bestimmt waren, vorzugsweise am Abendmahlstisch oder den Abendmahlsbänken. Es gibt aber auch nach Art eines Altarbildes gearbeitete Tafeln aus Holz, auf welchen die Einsetzungsworte zum Abendmahl geschrieben stehen. Hier ist besonders eindrücklich zu sehen, wie das geschriebene biblische Wort an die Stelle des gemalten Bildes tritt. In der reformierten Kirche in Uttum in Ostfriesland findet sich eine solche schön gestaltete Tafel. Sie stammt bereits aus dem letzten Viertel des 16. Jahrhunderts. Das gibt es öfters. Auch die anderen „Hauptstücke" des Katechismus finden sich. Oftmals traten die Schrifttafeln an die Stelle des im „Bilder-

Wandspruch (Wymeer)

sturm" zerstörten Figurenschmucks eines mittelalterlichen Schnitzaltars – übrigens auch in lutherischen Kirchen. Es gibt dafür sogar einen Fachausdruck: Schriftaltar.

Man hat gegen diese Praxis der Bibelverwendung gelegentlich eingewandt, dass die Auflösung des biblischen Wortes in einzelne „Sprüche" oder „Kernaussagen" dem Charakter der Bibel widerstreite, die doch ein Buch von Geschichten, nämlich der Geschichte Gottes mit uns Menschen ist und nicht eine Sammlung von Sprüchen. Die Isolierung einzelner biblischer Sätze aus ihrem ursprünglichen Zusammenhang verwandele die Bibel in ein Buch von religiösen „Weisheitssprüchen". Andererseits ist es so, dass Menschen in ihrem Glauben und ihrer Frömmigkeit nicht nur von den biblischen Geschichten, sondern oft auch von einem einzelnen Wort, das ihnen für ihr Leben wichtig geworden ist, berührt werden. Es gibt biblische Worte, die in besonderer Weise eine verdichtete Form der biblischen Botschaft darstellen. Darum kann es nicht verkehrt sein, sich diesen einzelnen Spruch vor Augen zu führen, ihn im Herzen zu tragen oder auch sichtbar an die Wand zu malen.

18 *Der Knopf*

Die meisten Menschen haben ihn wohl noch nie gesehen. Selbst treue Gottesdienstbesucher wissen selten etwas von seiner Existenz. Ich meine den Knopf. Nicht den Knopf von einer Jacke oder einem Mantel, der sich gelegentlich im Klingelbeutel finden mag. Sondern den Knopf aus Holz, der sich auf vielen Kanzeln findet. Kanzeln sind oftmals an der Kirchenwand befestigt und, so fern es sich um reformierte Kanzeln handelt, mit einer Sitzgelegenheit für den Pastor oder die Pastorin versehen. An dieser Stelle, zu Häupten des Predigers, an der Rückwand der Kanzel befindet sich der besagte Knopf. Wofür ist er gut? Die wenigsten haben im Gottesdienst schon erlebt, das er benutzt wird. Und doch ist er da. Er ist nichts anderes als ein Huthaken. Er dient dazu, dass der Pastor oder die Pastorin ihr Barett daran hängen kann.

Evangelische Pastoren oder Pastorinnen tragen heutzutage im Gottesdienst und bei Amtshandlungen einen Talar. Zum Talar gehört als „korrekte Ergänzung" das Barett, von dem es verschiedene Formen gibt. Es ist die Kopfbedeckung, die zum Talar getragen wird, soweit der Pastor oder die Pastorin sich unter freiem Himmel befindet, also z. B. auf dem Weg zum Grab bei einer Beerdigung- oder auf dem Weg vom Pfarrhaus zur Kirche. Daher war dieser Hutknopf nötig, damit man das Barett dranhängen konnte. Doch heute ist das Tragen eines Barettes, wenn ich recht sehe, weithin außer Gebrauch gekommen. Darum haben nur die wenigsten den Knopf an der Kanzel schon in Funktion erlebt.

Mit der Amtstracht der evangelischen Geistlichen ist es so eine Sache. Die entstehenden evangelischen Kirchen der Reformationszeit sind in dieser Frage verschiedene Wege gegangen. Die lutherischen Kirchen behielten die liturgische Kleidung bei, die die Priester in der mittelalterlichen Kirche trugen und römisch-katholische Priester noch heute tragen. Diese in sich vielfältig gegliederte und farblich eindrucksvoll, ja imposant anzusehende Kleidung geht letztlich zurück auf die Zeit der frühen christlichen Kirche. Nachdem das Christentum zur offiziellen Religion im römischen Reich geworden war, trugen die Bischöfe die Kleidung, die damals die kaiserlichen Hofbeamten zu tragen pflegten. Sie trugen sie nicht nur im Gottesdienst, wohlgemerkt, sondern ständig, den ganzen Tag. Im Lauf der Jahrhunderte ist dann daraus eine liturgische, gottesdienstliche Kleidung geworden. Die lutherischen Kirchen behielten sie bei, bis sie im Laufe des 18. Jahrhunderts weitgehend verschwand. Die reformierten Kirchen hingegen haben die liturgische Kleidung abgeschafft. Das hängt damit zusammen, dass es in der reformierten Kirche kein „Priesteramt" gibt und darum auch keine priesterliche Amtstracht geben kann. Die reformierten Pfarrer predigen in dem Gewand, das sie tagtäglich zu tragen pflegten. Eine gesonderte liturgische Kleidung gab es nicht.

Im Laufe des 18. Jahrhunderts ist die Unterscheidung von Alltagskleidung und liturgischer Kleidung, die nur zum Gottesdienst getragen wird, in allen evangelischen Kirchen weitgehend verschwunden. Man trug, was man wollte. Der fromme preußische König Friedrich Wilhelm IV. hat dann zu Beginn des 19. Jahrhunderts diesen Zustand als wenig befriedigend empfunden und den evangelischen Pastoren ebenso wie den jüdischen Rabbinern und den Rechtsanwälten eine Amtstracht verordnet, eben den Talar. Er ist in Schwarz gehalten, weil man in der Zeit des Biedermeier die schwarze Farbe als besonders feierlich empfand. Der schwarze Anzug, den man nur zu bestimmten Gelegenheiten trägt, ist ein Nachklang davon. So hat der Talar auch in nichtpreußischen Ländern Eingang gefunden. Einzig die Freikirchen, z. B. Altreformierte, Baptisten, Methodisten, denen der preußische König nichts zu sagen hatte, übernahmen den Talar nicht und tragen ihn weithin bis heute nicht.

In unserer Kirche besteht keine Verpflichtung, den Talar zu tragen. Es besteht nur eine Maßgabe: wenn, dann darf der Talar nur im Gottesdienst und bei Amtshandlungen getragen werden. In der Öffentlichkeit wird der schwarze Talar mit weißem Beffchen weithin als „Logo", als Erkennungsmerkmal des evangelischen „Geistlichen" empfunden.

Man kann in der Tat fragen, ob es wirklich nötig und sinnvoll ist, eine einzelne Person durch eine besondere Tracht von den anderen Gemeindegliedern zu unterscheiden. Der biblische Text ist allemal wichtiger als die pastoralen Textilien. Doch will ich über diese Frage keine Diskussion anzetteln.

Jedoch: wenn Talar, dann richtig. Und das heißt: sobald ein Talarträger kein Dach mehr über dem Kopf hat, gehört zu seiner korrekten Bekleidung das Barett. Das wird von den meisten evangelischen, nicht nur den reformierten Pastoren und Pastorinnen inzwischen ignoriert. Nun gut, auch darüber fange ich keinen Streit an. Aber der Knopf an der Rückwand der Kanzel, der gibt dem Kundigen noch heute Zeugnis davon, wofür er einst gedacht war.

Haken für das Barett an der Kanzelrückwand (Pilsum)

19 _Das Gesangbuch_

Heutzutage findet sich in jeder Kirche eine Anzahl Gesangbücher. An der Kirchentür liegen sie bereit. Die Gottesdienstteilnehmer nehmen sich ein Exemplar; manchmal gibt ein Ältester den Ankommenden das Gesangbuch in die Hand.

Noch bis vor 50 Jahren gab es das nicht. Es gab zwar Gesangbücher, aber nur in wohlhabenden Gemeinden lagen welche in der Kirche aus. Normalerweise brachten die Gemeindeglieder ihr Gesangbuch von zu Hause mit. Zur Konfirmation hatte jeder sein eigenes Gesangbuch geschenkt bekommen, im schwarzen Ledereinband mit Goldschnitt. Heute bringen nur noch wenige ihr Gesangbuch mit; man kann sich darauf verlassen, dass in der Kirche Gesangbücher ausliegen, jedenfalls so viele, dass ihre Anzahl für die übliche Gottesdienstgemeinde ausreicht.

Der Gemeindegesang begann in den evangelischen Kirchen mit der Reformation im 16. Jahrhundert. In dieser Zeit erschienen auch die ersten Gesangbücher. Doch erst seit Mitte des 18. Jahrhunderts wurde es allgemein üblich, dass die Gemeindeglieder aus dem Gesangbuch singen. Vorher besaßen weithin nur der Pastor und der Kantor ein Gesangbuch; die Gemeinde sang auswendig. Das lag daran, dass viele Menschen nicht lesen konnten. Anders war es in den reformierten Gemeinden. Hier fand sich der reformierte Reimpsalter, der Genfer Psalter von 1562, praktisch in jedem Haus. Die Folge war, dass man Liedtafeln brauchte, um die Lieder anzuzeigen. So bestimmte die reformierte Generalsynode in Kassel bereits 1607: „Vnd damitt der gemeine Mann erbawet werde und mitsingen könne, were es gut, dz die psalmen, so gesungen werden, jeder Zeit auff ein täflein an der pforten der Kirchen verzeichnet würden". Die Liedtafel befand sich damals noch nicht im Kirchenraum, sondern am Kircheneingang.

Das älteste erhaltene Gesangbuch erschien 1501 in Kouba (Tschechien) und repräsentiert den reichen Liedgesang der Kirche der Böhmischen Brüder. Aus dem 1531 in Jungbunzlau erschienenen Gesangbuch von Michael Weiße finden sich noch heute zahlreiche Lieder in unserem Gesangbuch. Die ersten Lutherlieder wurden als Flugblätter gedruckt. 1524 wurden in Nürnberg erstmals acht Einblattdrucke mit Liedern von Luther und Speratus zu einem Liederbuch vereinigt *(Achtliederbuch)*. Das 1529 von dem Wittenberger Drucker Julius Klug herausgegebene, mit einer Vorrede Luthers versehene und von ihm autorisierte Gesangbuch erschien, um den zahlreichen Verfälschungen von Liedern zu wehren, die bei den häufigen Nachdrucken auftraten. Das 1545 als „Prachtausgabe" durch V. Babst in Leipzig gedruckte Gesangbuch mit 127 Liedern bildet den Abschluss der Entwicklung zu Luthers Lebzeiten.

Ein weiteres Zentrum des evangelischen Gemeindegesangs und der Gesangbuchproduktion war Straßburg. Hier erschien 1525 das *Teutsch Kirchen ampt*, das Gottesdienstordnungen und Gottesdienstlieder vereinigt. Das zweite Zentrum in Oberdeutschland war Konstanz. Hier wurden Lieder Luthers, der Straßburger, Zwicks, der Gebrüder Blarer und Zwinglis in einem Gesangbuch vereinigt. Für den reformierten Kirchengesang hingegen wurde der Genfer Hugenottenpsalter 1562 prägend. In der Verdeutschung von Ambrosius Lobwasser wurde er bis 1798 gebraucht und dann durch die neue Bereimung von Matthias Jorissen abgelöst. Die reformatorische Liedbewegung wirkte auch auf die Altgläubigen zurück; in der zweiten Hälfte des 16. Jahrhunderts begann auch in der römisch-katholischen Kirche der Gemeindegesang und damit die Gesangbuchproduktion.

Jedes Fürstentum, jede Herrschaft oder freie Reichsstadt hatte ihr eigenes Gesangbuch. Bekannt ist die Geschichte von dem Merseburger Bauern, der sich in der benachbarten

Stadt Halle ein neues Gesangbuch gekauft hatte und nun in seiner heimatlichen Kirche daraus singen wollte. Das wurde ihm vom Pfarrer als unzulässige Neuerung verboten.

Die Eisenacher Kirchenkonferenz gab 1854 ein *Deutsches Ev. Kirchen-Gesangbuch. In 150 Kernliedern* heraus, das sich aber kaum durchsetzte. Es wurde jedoch im 20. Jahrhundert zum Kristallisationspunkt für die Erstellung eines einheitlichen Gesangbuchs für alle evangelischen Landeskirchen. Den Anfang machte das 1909 erarbeitete, 1915 gedruckte und seit 1925 zum Grundstock vieler Gesangbücher gewordene *Deutsche Evangelische Gesangbuch für das Ausland und die Schutzgebiete* (= DEG), aus dem unsere Gemeinden, mit vorangestelltem Reimpsalter, bis 1969 gesungen haben. Schon 1950 erschien die Stammausgabe des *Evangelischen Kirchengesangbuchs* (= EKG), das 1994 durch das nun im Gebrauch stehende *Evangelische Gesangbuch* (= EG) abgelöst wurde. In diesen allen evangelischen Landeskirchen gemeinsamen Gesangbüchern findet sich ein übereinstimmender *Stammteil* von heute 535 Lieder, gefolgt von einem regional unterschiedlichen *Landeskirchlichen Liederteil*, den wir mit Rheinland, Westfalen und Lippe gemeinsam haben und der heute weitere 160 Lieder umfasst, und einem umfangreichen *Textteil* mit Sprechpsalmen, Bekenntnissen, Katechismen und Gebeten. Der reformierten Tradition folgend ist dem Liedteil der Reimpsalter mit 150 Psalmen vorgebunden.

20 Die Kanzelbibel

Man findet sie nicht überall. Und wenn man sie findet, dann oft in einer altertümlichen, vergilbten Ausgabe: die Kanzelbibel. Sie hat, wie die Bezeichnung sagt, ihren Ort auf der Kanzel. Dort sollte sie zu finden sein, damit der Predigttext aus ihr verlesen werden kann. Viele Pastoren und Pastorinnen ziehen es jedoch vor, ihre eigene Bibel mitzubringen. So findet man auf der Kanzel, wenn überhaupt, oftmals eine Bibel aus lang vergangener Zeit.

Aber warum überhaupt? Warum eine Bibel auf der Kanzel, sei es eine große Kanzelbibel oder die kleingedruckte des Pastors, der Pastorin? Die Frage scheint naiv. In der Mitte des Gottesdienstes steht die Predigt, gerade bei den Reformierten, und die Predigt ergeht über einen Bibeltext. Das ist nicht selbstverständlich.

Die christliche Kirche hat zwar immer die Christusbotschaft verkündigt, aber sie hat lange Zeit nicht aus der Bibel gepredigt. Für die Anfangszeit der Christenheit liegt das auf der Hand: die Bibel, jedenfalls das Neue Testament, gab es noch gar nicht, als ein Apostel wie Paulus oder ein Missionar wie Philippus in die Welt hinausgingen, um das Evangelium auszurufen. Die Schriften des Neuen Testaments sind nach und nach während des 1. Jahrhunderts n. Chr. entstanden, und es dauerte weitere Jahrhunderte, bis endgültig klar war, welche der urchristlichen Schriften zum Neuen Testament gehören und den Kanon, d. h. die Richtschnur für Lehre und Leben der Gemeinden bilden sollten. Das Alte Testament war zwar wichtig, aber es war nicht Predigtgegenstand. Die jüdischen Schriftgelehrten legten in der Synagoge das Alte

Testament aus. Auch von Jesus wird berichtet, dass er am Sabbat in die Synagoge ging, dort einen Bibelabschnitt verlas und dann darüber eine Predigt hielt. Es war vermutlich die kürzeste Predigt der Kirchengeschichte. Sie bestand nur aus einem Satz: „Heute ist dieses Wort der Schrift erfüllt vor euren Ohren." (Lukas 4,21) Doch die urchristliche Missionspredigt war nicht Auslegung eines Bibeltextes, sondern Ausrufung des Wortes von Jesus Christus.

Wir stoßen hier auf die Beobachtung, dass eine Religionsgemeinschaft je nach ihrem Charakter unterschiedliche „Spezialisten" braucht. Die jüdische und auch die islamische Religion brauchen den Schriftgelehrten bzw. den Rechtsgelehrten, denn das Entscheidende ist bereits geschehen: das Wort Gottes ist ergangen. Nun muss es bewahrt, vermittelt und ausgelegt werden. Priester hingegen braucht man, wenn das Entscheidende in der Gegenwart geschieht, z. B. im heilsvermittelnden Ritus oder im versöhnenden Opfer. Eine religiöse Tradition kann auch durch asketische Weisheitslehrer geprägt sein, z. B. in asiatischen Religionen. Auch hier geschieht das Entscheidende in der Gegenwart, in der Hineinführung in das göttliche Geheimnis z. B. durch Meditation und Weisheitslehre.

Priester sind Brückenbauer. Sie bauen eine Brücke vom Menschen aus hin zum Übermenschlichen. Auch Asketen und Weisheitslehrer gehen vom Diesseits aus und lehren den Weg hin zum Ewigen. Aus der entgegengesetzten Richtung, sozusagen vom Himmel auf die Erde, kommen die Offenbarungen Gottes. Sie erreichen die Menschen durch das Wort von Propheten. Vielleicht könnte man die urchristlichen Prediger und Missionare am ehesten als Propheten bezeichnen: sie verkündigten die österliche Offenbarung des gekreuzigten Christus, den Gott zum Herrn über alles gemacht hat. Im Neuen Testament wird die gottesdienstliche Predigt z. B. bei Paulus als „prophetisch reden" bezeichnet (vgl. 1. Korinther 14). Wenn nun die Offenbarung in der Vergangenheit liegt – und das ist bei der Christusoffenbarung ja der Fall, und neue Offenbarungen über Christus hinaus sind nicht zu erwarten –, dann braucht es Überlieferer und Ausleger. So wurde auch die Christusoffenbarung mündlich mitgeteilt und überliefert und schließlich schriftlich festgehalten. Damit begann die Stunde der Ausleger. Rechte Predigt ist auch heute Auslegung der Christusoffenbarung und somit Schriftauslegung. Darum liegt die Bibel auf der Kanzel, das ist der sachliche Hintergrund.

Es gibt kein Gesetz, dass eine Predigt immer Erklärung eines Bibelabschnitts sein muss. Aber sie muss inhaltlich schriftgebunden sein. Sie ist keine absolut „freie Rede". Selbstverständlich kann eine Predigt nicht allein darin bestehen, einen Bibelabschnitt zu erklären – obwohl auch das schon etwas Wertvolles ist. Sie soll und will vom biblischen Wort her in das heutige Leben hineinsprechen. Sie geht von der Bibel her auf das Leben der Menschen zu und tritt alsdann mit den Menschen vor Gott, zu dessen Ehre wir geschaffen sind.

In der mittelalterlichen Kirche stand das Messopfer und damit der Priester im Mittelpunkt des Gottesdienstes. Das zeigt an, dass das Entscheidende in der Gegenwart geschehen sollte: die Vergegenwärtigung des Opfers Christi durch seine „unblutige Wiederholung" in der Messe. In den evangelischen Kirchen trat die Predigt an die Stelle des Messopfers: das Entscheidende ist bereits geschehen, das Wort Gottes ist ergangen. Darum findet sich seitdem die Bibel auf der Kanzel, und es ist noch heute in manchen reformierten Gemeinden eine (gute) Tradition, dass auch in den Kirchenbänken Bibeln ausliegen, damit die Gemeindeglieder das biblische Wort vor Augen haben.

Auch in der Messfeier geschieht nichts anderes als die Vergegenwärtigung eines damaligen Geschehens, des Opfers Christi am Kreuz. Die Predigt wiederum redet nicht allein vom Damals der göttlichen Offenbarung, sondern erwartet das Reden Gottes zu uns in der Gegenwart. Insofern passt das oben dargelegte Schema, die Unterscheidung von Priester und Ausleger, nicht wirklich auf das Geschehen des christlichen Gottesdienstes. Stattdessen werden Vergangenheit und Gegenwart des Heils in ihm auf eigentümliche Weise verschränkt. Warum ist das so? Weil es eine Brücke zwischen Gegenwart und Vergangenheit gibt, sowohl bei der Messfeier wie bei der Predigt. Diese Brücke ist das Wirken des Heiligen Geistes, in dem Gott selbst sich und sein Heil gegenwärtig macht. Das aber hat weder der Priester noch der Prediger in Händen. Man kann es auch nicht zwischen zwei Buchdeckel binden. Es ist Gottes Verheißung, die er selbst im Wirken seines Geistes zur Erfüllung bringt. In dieser Erwartung gehen wir zum Gottesdienst, sehen, wie der Prediger die Bibel aufschlägt, und hören, was Gott (!) uns sagen will.

21 Die Ältestenbank

In vielen reformierten Kirchen sieht man sie noch: die gesonderte Bank für den Kirchenrat, das Presbyterium. Manchmal ist sie reich verziert, und wenn die Kirche aus dem Mittelalter stammt und eine Apsis, einen „Chorraum", aufweist, dann steht das Gestühl für die Kirchenältesten dort, unmittelbar neben dem Abendmahlstisch. Dort nehmen die Presbyter während des Gottesdienstes Platz, oftmals im Angesicht der Gemeinde. Sie treten als Gemeindeleitung sichtbar in Erscheinung; die Verantwortung für den Gottesdienst ist die wichtigste Form der Gemeindeleitung. Eben deshalb sitzen sie dort.

Abendmahlsbänke Detail (Hinte)

Kirchenbänke für die Gemeindeglieder gibt es erst seit wenigen Jahrhunderten. Aber schon von der Frühzeit der christlichen Kirche an gab es im Kirchenraum einen besonders herausgehobenen Platz, auf dem der Bischof der Gemeinde zu sitzen pflegte. Von dort aus predigte er. Eine Kanzel gab es noch nicht; der Bischof predigte im Sitzen. Er saß dort aber nicht allein, sondern umgeben vom Presbyterium, den anderen Amtsträgern der Gemeinde. Dieser Platz, der den ganzen Altarraum ausfüllen konnte, war etwas erhöht, wie man noch heute mit zwei Stufen zum Altarraum hinaufzusteigen pflegt. Er war wie eine kleine Bühne, ähnlich einer Theaterbühne. Man bezeichnete ihn auch mit demselben Wort: cathedra. Das deutsche Wort „Katheder" leitet sich von dort her.

Die reformierten Gemeinden haben sich in vielem den Gebräuchen der Alten Kirche angeschlossen. Insbesondere darin, dass die Leitung der Gemeinde nicht einer einzelnen Person, dem Pfarrer oder der Pfarrerin, anvertraut ist, sondern einem Kreis von Gemeindegliedern, dem Kirchenrat oder Presbyterium, in dem der Pastor oder die Pastorin nur ein Mitglied unter anderen ist. Die reformierte Kirche kannte drei gemeindliche Ämter: des Predigers, des Ältesten und des Diakons. Anders als im 16. Jahrhundert sind diese Gemeindeämter heute nicht mehr für Männer reserviert. Die hervorgehobene Ältestenbank in vielen reformierten Kirchen gibt noch heute Zeugnis davon, dass die Leitung der Gemeinde und also die Leitung des Gottesdienstes nicht einer einzelnen Person übertragen ist, sondern einem gemeindlichen Leitungsgremium, dem Presbyterium. Die Ältestenbank macht das baulich sichtbar.

Am deutlichsten erkennbar wird diese gemeinschaftliche Leitung durch das Presbyterium in reformierten Gemeinden angelsächsischer Tradition. Dort zieht zu Beginn des Gottesdienstes das gesamte Presbyterium unter Einschluss des Predigers in den Kirchenraum ein und nimmt im Angesicht der Gemeinde Platz. Der Pastor oder die Pastorin sitzt in der Reihe der Presbyter. Von dort her steht er oder sie auf und tritt hinter den Abendmahlstisch, um die Liturgie zu halten, oder geht von dort auf die Kanzel, um zu predigen, und kehrt dann dorthin zurück. Er oder sie ist ganz eingebettet in das Presbyterium. Man unterscheidet in der reformierten

Tradition darum nicht nur Prediger und Älteste, sondern manchmal fasst man sie auch zusammen als „predigende Älteste" und „regierende Älteste". Letztere predigen nicht, aber sie leiten. Sie leiten den Gottesdienst.

Das Tun des „predigenden Ältesten", des Pastors, ist im Gottesdienst sichtbar. Doch inwiefern leiten die Ältesten den Gottesdienst? Oft ist es heute so, dass die Ältesten den Klingelbeutel und die Kollekte am Ausgang einsammeln. Das ist aber nicht ihre ursprüngliche Aufgabe. Das wäre das Amt der Diakone, sofern es dieses Amt in den reformierten Gemeinden noch gibt. Die Leitung durch die Ältesten wird heute im Vollzug des Gottesdienstes nicht mehr sichtbar. Das hängt damit zusammen, dass die Form der Abendmahlsfeier heute anders ist als früher. Denn die gottesdienstliche Leitungstätigkeit der Ältesten war auf die Abendmahlsfeier bezogen. Sie bestimmten, ob jemand am Abendmahl teilnehmen durfte oder nicht.

Seinen baulichen Ausdruck fand dies früher darin, dass der Raum unter der Kanzel, wo sich Abendmahlstisch und Taufstein befinden, mit einer hölzernen Schranke und einer darin befindlichen Tür versehen war. An dieser Tür standen die Ältesten, wenn das Abendmahl gefeiert wurde, und ließen die Gemeindeglieder in den Abendmahlsraum eintreten – oder auch nicht.

Dazu muss man wissen: Früher war es so, dass man sich vorher anmeldete, wenn man am Abendmahl teilnehmen wollte. Diese Anmeldung geschah beim Kirchenrat, dem Presbyterium. Es entschied dann darüber, ob jemand am Abendmahl teilnehmen durfte. Dann bekamen die Abendmahlsteilnehmer eine „Abendmahlsmarke", die sie den Ältesten an der Tür zum Abendmahlsraum vorwiesen und aushändigten. Solche „Abendmahlsmarken" kann man noch heute im Museum betrachten; es gab sie nicht nur in reformierten, sondern auch in lutherischen Gemeinden. Dort wurde ebenfalls im Voraus darüber entschieden, ob jemand am Abendmahl teilnehmen durfte. Der Unterschied zwischen lutherischen und reformierten Gemeinden bestand nur darin, dass in den lutherischen Gemeinden der Pastor allein entschied, während in den reformierten Gemeinden das Presbyterium die Entscheidung traf.

Nun, diese Gebräuche gehören der Vergangenheit an. Geblieben ist, dass das Presbyterium, der Kirchenrat, nach wie vor als Gremium die Verantwortung für den Gottesdienst trägt, und nicht der Pastor oder die Pastorin allein. Auch die Entscheidung darüber, wer im Gottesdienst predigen darf, liegt beim Kirchenrat. Ebenso die Entscheidung über die liturgische Ordnung, also die Gottesdienstform. Auch wenn die schwierige Frage zu entscheiden ist, ob eine gemeindefremde, vielleicht aus der Kirche ausgetretene Person kirchlich beerdigt werden soll, hat der Kirchenrat zu entscheiden. All das gehört zum Bereich der „geistlichen Gemeindeleitung", die in reformierten Kirchen dem Presbyterium, in den lutherischen Kirchen dem Pastor allein zukommt.

Im ökumenischen Gespräch der Kirchen wird oft darüber diskutiert, ob die Leitung des Gottesdienstes und insbesondere der „Vorsitz" bei der Abendmahlsfeier nur ordinierten Personen zukomme oder auch von anderen Gemeindegliedern wahrgenommen werden könne. Diese Fragestellung steht immer etwas quer zur Ordnung der reformierten Kirche. Denn bei uns ist es so, dass die Leitung des Gottesdienstes und auch der „Vorsitz" bei der Abendmahlsfeier gar nicht von einer einzelnen Person wahrgenommen wird, sei diese nun ordiniert oder nicht, sondern von dem Presbyterium insgesamt. Übrigens: Früher wurden auch die Kirchenältesten zu ihrem Amt ordiniert, und in reformierten Kirchen außerhalb Deutschlands ist es noch heute so. In Deutschland ist das Wort „Ordination" gemäß der lutherischen Tradition für die Amtseinführung eines Pastors oder einer Pastorin reserviert; wir Reformierten sind in Deutschland eine Minderheit. Nach der Kirchenverfassung der Evangelisch-reformierten Kirche (§ 14) haben jedoch die Mitglieder des Presbyteriums bei ihrer Amtseinführung ein „Versprechen" abzulegen. Das lautet: „Ich verspreche vor Gott und dieser Gemeinde, dass ich das mir übertragene Amt gehorsam dem Wort Gottes mit gewissenhafter Sorgfalt und in Treue gegenüber den Ordnungen der Evangelisch-reformierten Kirche und dieser Gemeinde wahrnehmen will". Genau betrachtet ist dieses Versprechen eine Ordination. Mehr kann auch ein Pastor nicht versprechen.

22 Das Kirchenfenster

Kirchen haben Fenster. Ihre Gestaltung änderte sich im Laufe der Zeit. Im Baustil der europäischen Romanik im frühen Mittelalter waren die Fenster klein und hatten einen Rundbogen als oberen Abschluss. Oft befanden sie sich im oberen Teil der Kirchenwand. Im Zeitalter der Gotik wurden die Fenster größer. Die Wand wurde fast ganz in Fenster aufgelöst, soweit die Statik des Gebäudes es zuließ. Es entstanden wunderbare Kunstwerke der Glasmalerei, denn die Fenster waren aus buntem Glas; sie zeigten die biblische Geschichte oder Ereignisse aus dem Leben der Heiligen. Besonders aufwändig wurden die Fenster im Altarraum ausgeführt. An der westlichen Rückwand der Kirche erschien das großartige gotische Rundbogenfenster. Die Fenster bestanden nicht gänzlich aus Glas, sondern waren durch steinerne Rippen und steinerne Verzierungen im oberen Teil (Maßwerk) gestaltet. So wurde die Kirchenwand fast gänzlich in Licht aufgelöst. Auch heute kann sich ein Betrachter der großartigen Wirkung eines gotischen Kirchenraums nicht entziehen.

Reformierte Kirchen besitzen in der Regel keine durch Glasmalerei gestalteten Fenster. Eine Ausnahme bilden Kirchen, die aus dem Mittelalter stammen und deren Glasfenster erhalten blieben. Doch wenn die Reformierten selber Kirchen bauten, bestanden die Fenster aus unbemaltem Glas. Warum?

Manche werden meinen: das hängt mit der reformierten „Bilderfeindlichkeit" zusammen. Aber das stimmt nicht. Auch wo in der Reformationszeit die Bilder und Statuen aus den Kirchen entfernt wurden („Bildersturm"), blieben die Glasfenster oft erhalten. Sie wiesen zwar bildliche Darstellungen auf, aber das war nicht das Problem. Anders als bei Altarbildern oder Heiligenstatuen bestand nicht die Gefahr, dass sie zum Gegenstand der Anbetung wurden oder man vor ihnen eine Kerze als Symbol des Gebets entzündete. Die bunten Glasfenster waren so gesehen „ungefährlich". Warum haben die Reformierten dann selber keine bemalten Fenster in ihre Kirche eingebaut?

Sicher hängt es auch damit zusammen, dass nach reformierter Auffassung Gott „seine Christenheit nicht durch stumme Götzen, sondern durch die lebendige Predigt seines Wortes unterweisen haben will" (Heidelberger Katechismus Frage 98). Aber der Hauptgrund war ein anderer. Es war ein ganz schlichter, beinahe banaler Grund: man brauchte Licht!

Zum reformierten Gottesdienst gehört von Anfang an, dass die Gemeinde die Psalmen singt. Auch, dass die Gemeindeglieder zum Gottesdienst ihre Bibel mitbringen, um den Predigttext vor Augen zu haben. In alten Bibliotheken kann man solch ein typisches reformiertes „Kirchenbuch" noch heute betrachten. Es besteht aus der Bibel, dahinter angeordnet sind der Reimpsalter, der Katechismus und die liturgischen Formulare für Taufe, Abendmahlsfeier, Trauung und Beerdigung. Das alles wurde zwischen zwei Buchdeckel zusammengebunden zu einem einzigen, umfangreichen Buch. Das hatten die Gemeindeglieder zu Hause; das brachten sie auch zum Gottesdienst mit. Darin wollten – und konnten (!) – sie lesen. Der reformierte Protestantismus hat seine Wurzeln im westeuropäischen Raum. Er spiegelt darum auch den kulturellen Vorsprung Westeuropas vor Deutschland und anderen Ländern Mitteleuropas im 16. Jahrhundert. Die Fähigkeit, lesen und schreiben zu können, war im westeuropäischen Raum schon so weit Allgemeingut geworden, dass es einen Bedarf an solchen „Kirchenbüchern" gab, die nicht nur die Bibel, sondern eben auch das Gesangbuch, den Reimpsalter enthielten, und die nicht nur im Gottesdienst, sondern auch zu Hause gebraucht wurden. Die unmittelbare Folge davon war, dass die Reformierten sehr helle Kirchenräume bauten, mit großen, lichtdurchlässigen Fenstern und weiß getünchten Wänden, damit während des Gottesdienstes genügend Licht zur Verfügung stand.

Auch andere Einflüsse waren wirksam, die damals die Weltsicht der Menschen prägten. Dazu gehört sicher der aus der Renaissance stammende bewusste Anklang der Kirchenbauten an die antiken Tempel, die – wie man sicher zu wissen meinte – keine bemalten Glasfenster besessen hatten und helle, luftige Bauten gewesen sind. Später, im 17. Jahrhundert, wirkten sicher auch die ersten Vorboten der Aufklärung auf den reformierten Kirchenbau ein, jene Zeit, die das Licht liebte und die Erleuchtung suchte, und das durchaus nicht im geheimnisvoll meditativen Dämmer des Kirchenraums, sondern letzten Endes im Licht der Vernunft. So sind, für die Zeitgenossen oft unbewusst, viele Einzelelemente zusammengeflossen und haben sich zuerst im reformierten Kirchenbau, später auch im Kirchbau anderer Konfessionen ausgewirkt. Später im 19. Jahrhundert sind andere Konfessionen wieder zum bemalten Glasfenster zurückgekehrt, vor allem seit der Zeit der Neugotik in der zweiten Hälfte des 19. Jahrhunderts. In den neueren Kirchenbauten des 20. Jahrhunderts wiederum sind oft sehr eindrückliche künstlerische Gestaltungen von Kirchenfenstern mit Licht und Farbe entstanden. Die reformierten Kirchen jedoch sind in der Regel bei ihrer Tradition geblieben und haben auf farbige Glasfenster verzichtet, soweit es um figürliche Darstellung geht. Es gibt allerdings auch in reformierten Kirchen künstlerisch bemerkenswert gestaltete farbige Fenster, die ohne figürliche Darstellung mit Licht und Farbe Wirkung erzielen.

Es gibt keine Regel ohne Ausnahme: In einem Dorf im unteren Engadin (Schweiz) fand ich in einer unzweifelhaft reformierten Kirche eine kleine dreiseitige Apsis, die auf jeder Seite ein Fenster aufwies. Das linke war vermauert; das mittlere zeigte die Gestalt des Kirchenvaters Augustin – so stand es darunter. Das rechte aber zeigte die Gestalt von Ulrich Zwingli. So stand es jedenfalls darunter. Wenn das der Zürcher Reformator wüsste ...

23 Der Erntedanktisch

Man findet ihn nur einmal im Jahr, dann aber in allen Kirchen: den Erntedanktisch. Das Datum seines Vorhandenseins ist exakt festgelegt: Seit 1792 ist im ehemaligen Preußen durch Gesetz angeordnet, dass das Erntedankfest „am Sonntag nach Michaelis" oder am ersten Sonntag im Oktober zu feiern sei. Der „Tag des Erzengels Michael" (Michaelis) ist der 29. September. Wenn der 30. September ein Sonntag ist, kann das Erntedankfest in den September fallen. Vielerorts ist man aber dazu übergegangen, immer am ersten Sonntag im Oktober Erntedank zu feiern.

Auch wenn das Erntedankfest Anfang Oktober eine Einrichtung des ausgehenden 18. Jahrhunderts und der Erntedanktisch, wie wir ihn heute kennen, eine „Erfindung" des 19. Jahrhunderts ist, so haben Menschen doch schon immer für die Ernte und damit für die Gabe des Lebens gedankt. Das geschah logischerweise nach der Erntezeit, in Mitteleuropa also im Herbst. Auch in reformierten Kirchen findet man am Erntedankfest einen reich geschmückten Erntedanktisch vor. Herkömmlicherweise ist er mit Früchten des Feldes und des Gartens gestaltet. Äpfel, Gurken, Kohlköpfe, ansehnliche Kürbisse bilden die Grundlage; Blumen bringen ein schmückendes Element hinzu. Mancherorts gelingt es, auch im Zeitalter des Mähdreschers noch einiger Korngarben habhaft zu werden und sie rechts und links des Erntedanktisches aufzustellen. Das macht sich besonders gut. Alle Versuche, auch Erzeugnisse der industriellen Produktion auf dem Erntedanktisch zu platzieren, sind bisher nicht recht gelungen. Zu stark ist die Gedankenverbindung von „Ernte" und Früchten aus Feld und Garten.

Das ist auch verständlich. Denn die Sicherung des Lebens durch Gewinnung der Nahrung ist die Grundlage von allem. Das elementare Bedürfnis aller Menschen ist es, zu essen und zu trinken und womöglich ein Dach über dem Kopf zu haben. Durch unserer Hände Arbeit gewinnen wir auf direktem oder indirektem Wege das Brot, das wir zum Leben brauchen.

Interessant ist, dass am Erntedankfest fast ausschließlich an das Brot im weitesten Sinne gedacht wird, das Menschen zum Leben brauchen, also dass sie zu essen haben. Auch die Gestaltung des Erntedanktisches ist davon geprägt. Noch nie habe ich auf dem Erntedanktisch einen Krug mit Wasser gefunden. Dabei ist Wasser doch fast noch lebenswichtiger als Brot! Seit man aus unseren Bächen und Flüssen nicht mehr trinken kann, sind wir überdies darauf angewiesen, dass uns Wasser zur Verfügung gestellt, genauer gesagt: verkauft wird – durch Wasserwerke, genauso wie wir darauf angewiesen sind, dass Landwirte Brotgetreide erzeugen. Aus dem ursprünglich überall frei zugänglichen Gut Wasser ist längst eine Handelsware geworden. Anders als bei uns, wo die Versorgung mit Wasser eine mehr oder weniger öffentliche Aufgabe ist, wird in vielen Teilen der Welt, insbesondere in Afrika, inzwischen die Verfügung über das Trinkwasser Teil der Privatwirtschaft, und es entsteht ein „Wasser-Markt", auf dem man Wasser kaufen muss wie Brot. Und manche sagen, in der Zukunft würde der Zugang zu sauberem Wasser noch wichtiger sein als der Zugang zum Öl.

Vielleicht sollten wir in Zukunft wirklich einen Krug mit Wasser auf den Erntedanktisch stellen, um anzudeuten, dass es sich auch dabei um eine Gabe Gottes handelt, die allen Menschen zugute kommen soll. Denn wenn wir einen Erntedanktisch schmücken, dann nicht um darzustellen, wie fleißig und geschickt wir in Garten und Landwirtschaft gewesen sind. Der Erntedanktisch will uns darauf hinweisen, dass es Gottes Güte ist, die uns gibt, was wir zum Leben brauchen – ungeachtet aller menschlichen Mühe.

Ketzerisch veranlagte Menschen könnten sagen: Aha, die Reformierten wollen keinen Altar in ihrer Kirche haben, weil sie Gott keine Opfer darbringen, nachdem Christus sich für uns geopfert hat. Aber was ist denn der Erntedanktisch anderes als ein Altar, auf dem die Früchte des Feldes Gott – symbolisch – zum Dankopfer dargebracht werden! Dass es sich um ein Dankopfer handelt, sieht man doch auch daran, dass oftmals die in der Regel gespendeten Gaben des Erntedanktisches für die Armen in der Gemeinde verwendet und nicht etwa von den Spendern wieder abgeholt werden.

In gewisser Weise und in wohlverstandenem Sinne ist es richtig: Der Erntedanktisch ist eine Art Altar. Doch die Gabe, die wir dort darbringen, ist kein „Opfer", durch das wir bei Gott etwas bewirken wollten. Es ist reiner, sinnenfälliger Ausdruck des Dankes. Es ist ein „Dank-Opfer", wenn man denn so will. In dem Sinne, wie es in Psalm 50, 14 heißt: „Opfere Gott Dank ...". Dabei sind die Gaben des Erntedanktisches nur das sinnenfällige Zeichen für den Dank, den wir Gott auf dem „Altar unseres Herzens" darbringen, und das aus gutem Grund. So können wir es uns gut gefallen lassen, dass am Erntedankfest der Abendmahlstisch in unserer Kirche zum „Erntedanktisch" umgestaltet wird und damit in einem recht verstandenen Sinne so etwas wie ein „Dankopferaltar" wird. Es ist eine der wenigen Gelegenheiten, wo in der reformierten Kirche das, was wir innerlich empfinden, auch in äußerlich sichtbarer Weise zur Darstellung gebracht wird.

24 *Das Hagioskop*

Ein Hagioskop kann man auch in reformierten Kirchen finden, aber es hat hier keine Funktion. Bei einem Hagioskop handelt es sich um eine Maueröffnung, ein inzwischen meist verglastes Fenster im Chorraum einer Kirche. Wenn man von außen hindurch schaut, sieht man den Altar und was am Altar geschieht. In reformierten Kirchen, die aus dem Mittelalter stammen, sind oftmals solche Hagioskope erhalten,

Hagioskop (Midlum)

z. B. in der Kirche von Midlum im Rheiderland. Warum wurde seinerzeit eine solche Fensteröffnung angebracht?

Versetzen wir uns in den Bauzustand einer mittelalterlichen Kirche: der Innenraum bestand aus mindestens zwei abgegrenzten Bereichen, dem Altarraum und dem Gemeinderaum. Zwischen beiden befand sich die Chorschranke. Im Altarraum amtierte der Priester; er zelebrierte die Messe. Im Gemeinderaum, der völlig leer war und keine Bänke hatte, standen die Gemeindeglieder und schauten und hörten zu. Zur Messe gehört die Kommunion, die Teilnahme an der Mahlfeier. Ursprünglich haben die Gemeindeglieder, an der Chorschranke kniend, Brot und Wein aus der Hand des Priesters empfangen. Im Laufe des hohen Mittelalters entwickelte sich eine Scheu vor dem Empfang des Kelches; man fürchtete, es könne von dem Abendmahlswein, den man in das Blut Christi verwandelt glaubte, etwas verschüttet werden. So haben die Menschen mehr und mehr darauf verzichtet, den Kelch zu nehmen, und sich mit dem Brot begnügt. Dieser „Kelchverzicht" ging nicht von der Kirche oder vom Priester, sondern von den Gemeindegliedern, den „Laien" aus. Er war die Folge einer übergroßen Scheu vor dem Heiligen.

Was aber war mit den Menschen, die nicht am Gottesdienst teilnehmen konnten, etwa weil sie zu krank dazu waren? Ursprünglich war es so, dass ihnen Brot und Wein von der Mahlfeier durch die Diakone ins Haus gebracht wurden. Das hat sich im Lauf der Jahrhunderte darauf reduziert, dass der Priester mit dem Abendmahl zu einem Kranken kam, wenn die letzte Stunde gekommen schien. So wurde das Krankenabendmahl mit der Ölsalbung zu einem „Sterbesakrament". Die römisch-katholische Kirche hat sich seit dem II. Vatikanischen Konzil bemüht, dieser Entwicklung gegenzusteuern und die häusliche Mahlfeier wie die Ölsalbung wieder zu einem „Krankensakrament" werden zu lassen.

Im Mittelalter und auch früher gab es jedoch auch Krankheiten, die einen Menschen von der Gemeinschaft der anderen isolierten, weil sie lebensgefährlich und zugleich ansteckend waren. Das war natürlich, wo sie auftrat, die Pest und, vor allem in südlicheren Ländern, die Lepra, der Aussatz. Diese Krankheit begegnet uns bereits im Neuen Testament. Leprakranke mussten den Kontakt mit anderen Menschen meiden; sie durften deswegen auch nicht am Gottesdienst teilnehmen. Damit sie wenigsten mit den Augen das Geschehen des Gottesdienstes und die als zentral geltende Wandlung der Abendmahlselemente bei der Messe verfolgen konnten, baute man solche Hagioskope, die es erlauben, von außen den Altar und das Handeln des Priesters zu sehen. So war den Kranken zwar nicht der Empfang der Abendmahlselemente möglich, aber doch eine sehende Teilnahme, die man später „Augenkommunion" nannte.

Es liegt auf der Hand, dass in evangelischen Kirchen solche Hagioskope nicht mehr die Bedeutung haben konnten, die sie in der mittelalterlichen Kirche gehabt haben. Der evangelische Gottesdienst sowohl lutherischer wie reformierter Prägung ist nicht so auf die Mahlfeier zentriert wie die römisch-katholische Messe. Eigentlich hätte man in evangelischen Kirchen Schallöffnungen bauen müssen, damit die Kranken die Predigt hören konnten.

Es führt aber doch eine Entwicklungslinie vom mittelalterlichen Hagioskop zur evangelischen Frömmigkeit. Sie ist vermittelt durch die Mystik. Am Ausgang des Mittelalters wurde den Menschen immer wichtiger, das Wort der Bibel zu betrachten und innerlich zu meditieren, wie auch, den Anblick des Gekreuzigten oder, stellvertretend, das Abendmahl mit den Augen des Glaubens zu betrachten, sich innerlich vor Augen zu führen und, wie man damals sagte, sich „einzubilden", also die Botschaft des Evangeliums nicht mehr nur mit den Ohren zu hören, sondern sie innerlich lebendig vor Augen zu sehen. Diese Entwicklung steht im Zusammenhang mit der Entstehung der „inneren Welt" des Menschen, der Welt der Empfindungen, Gefühle, Gedanken und Wahrnehmungen, die sich damals vollzog. So konnte im Extremfall die Meinung vertreten werden, das innerliche Anschauen des gekreuzigten Christus mit den Augen des Glaubens sei sogar wichtiger als der Empfang von Brot und Wein mit dem Mund. Jedenfalls entstand damals eine richtige „Meditationsliteratur", die man daran erkennt, dass in ihrem Titel das lateinische Wort *meditatio*, im Deutschen das Wort „Betrachtung" erscheint. Auch die Reformatoren haben sich daran noch beteiligt. Martin Luthers Schrift „Ein Sermon von der Betrachtung des heiligen Leidens Christi" 1519 gehört dazu, ebenso das bekannte Passionslied „Jesu, deine Passion" von Sigmund von Birken 1663 mit der Melodie von Melchior Vulpius 1609. Das ganze Lied ist ein Meditationslied, eine Meditation der Passion:

> *Jesu, deine Passion will ich jetzt bedenken; wollest mir vom Himmelsthron Geist und Andacht schenken. In dem Bilde jetzt erschein, Jesu, meinem Herzen, wie du, unser Heil zu sein, littest alle Schmerzen.*

Das Stichwort „bedenken" zeigt an: es geht um eine Meditation. Im *Bilde* soll Jesus in *meinem Herzen* wahrgenommen werden, also in einem inneren Bild. Die äußere Erscheinung wird dem Inneren „eingebildet". Hier liegt die Wurzel des europäischen Bildungsbegriffs. Es geht um das „Sehen der Seele" wie Strophe 2 ausführt:

> *Meine Seele sehen mach deine Angst und Bande, deine Schläge, deine Schmach, deine Kreuzesschande, deine Geißel, Dornenkron, Speer- und Nägelwunden, deinen Tod, o Gottessohn, der mich dir verbunden.*

In den nachfolgenden Strophen schreitet der Dichter zu einer immer eindringenderen, innerlichen Betrachtung des Leidens Christi fort bis hin zum Gleichförmigwerden mit Christus, zur *conformitas Christi* in Strophe 6:

> *Gib auch, Jesu, daß ich gern dir das Kreuz nachtrage, daß ich Demut von dir lern und Geduld in Plage, daß ich dir geb Lieb um Lieb. Indes laß dies Lallen – bessern Dank ich dorten geb –, Jesu, dir gefallen.*

Auf diesem Hintergrund fällt ein Licht auf bestimmte Wendungen im Heidelberger Katechismus. So heißt es in Frage 75, wo über das Abendmahl gesprochen wird, „dass sein Leib so gewiss für mich am Kreuz geopfert und gebrochen und sein Blut für mich vergossen ist, wie ich mit Augen sehe, dass das Brot des Herrn mir gebrochen und der Kelch mir gegeben wird". Die Gewissheit der Teilhabe an Christus wird nicht vermittelt über den Empfang von Brot und Wein mit dem Mund, sondern über das Sehen, über die Augen. Jedenfalls wird das an der ersten Stelle genannt. Erst an zweiter Stelle wird dann der Empfang und „leibliche Genuss" von Brot und Kelch aufgeführt. Ebenso ist es in Frage 76: „Was heißt, den gekreuzigten Leib Christi essen und sein vergossenes Blut trinken? Es heißt nicht allein, mit gläubigem Herzen das ganze Leiden und Sterben Christi annehmen, ...". Auch hier ist das, was innen im Menschen geschieht, im „gläubigen Herzen", der entscheidende Vorgang. So konnten die Sakramente insgesamt als „sichtbare Zeichen" verstanden werden. Man beachte die Wortwahl: „sichtbare", nicht „spürbare" Zeichen – was doch viel näher gelegen hätte, da man das Wasser der Taufe auf der Haut spürt und Brot und Wein des Abendmahls im Munde schmeckt. Hier erscheint in veränderter Weise wieder die „Augenkommunion", die einmal der Anlass für den Einbau von Hagioskopen in mittelalterlichen Kirchen gewesen ist.

In der reformierten Kirche in Midlum ist, wie in vielen reformierten Kirchen, der ehemalige Altarraum nun durch eine Wand mit darüber liegender Empore vom Gemeinderaum getrennt. Darauf steht die Orgel. So geht der Blick durch das Hagioskop nicht in den Gemeinderaum hinein, sondern in den ehemaligen Altarraum, in dem sich kein Altar mehr befindet. Der Blick geht ins Leere; das Ohr ist das alleinige „Empfangsinstrument" geworden. Aber dazu muss man in den Kirchenraum hineingehen.

25 Gedenktafeln

In vielen Kirchen sind sie zu finden: Gedenktafeln für die Toten der Kriege. Meist sind es zwei: Eine für die Toten des Ersten Weltkriegs, eine zweite für die Toten des Zweiten Weltkriegs. Sie sind aus Holz oder Stein. Namen sind darauf zu lesen, meist auch das Datum des Todes. Viele Namen sind es, auch in kleineren Gemeinden, oft erschreckend viele. Manche starben gleich zu Beginn des Krieges, andere erst in den letzten Kriegstagen. In der Regel sind auch die Vermissten aufgeführt. Die lange Reihe der Namen hat in mir immer ein Gefühl des Erschreckens und der Trauer ausgelöst. So viele junge Menschen mussten sterben, und wofür?

In manchen Kirchen finden sich auch Skulpturen. So die bewegende Holzplastik im Magdeburger Dom oder der schwebende Engel in Güstrow, beide von Ernst Barlach. Auch der Engel schwebte ursprünglich über einer Gedenkstätte für gefallene Soldaten. Wenn in der Kirche keine Gedenktafeln vorhanden sind, so befindet sich oft auf dem Friedhof eine Gedenkstätte, oder anderswo im öffentlichen Raum eines Ortes. Eines der bekanntesten Mahnmale steht in der Neuen Wache Unter den Linden in Berlin. Es ist von Käthe Kollwitz. Am Volkstrauertag finden fast überall an den Mahnmalen für die Toten der Kriege und der nationalsozialistischen Gewaltherrschaft Gedenkfeiern statt, die vom Volksbund Deutsche Kriegsgräberfürsorge veranstaltet werden. Eine breite Öffentlichkeit nimmt daran teil; Kirchenchöre singen, Posaunenchöre spielen, und oft ist es der Pastor oder die Pastorin des Ortes, der oder die am Mahnmal die Ansprache hält.

Vereinzelt finden sich in Kirchen noch Gedenktafeln, die an die Toten des Krieges von 1870/71 erinnern. Sie sind selten geworden. Ältere Gedenktafeln gibt es nicht. Wie kommt das?

Die Geschichte des Kriegerdenkmals im öffentlichen Raum oder des Mahnmals auf dem Friedhof und der Gedenktafeln in den Kirchen beginnt im 19. Jahrhundert. Kriege hat es auch vorher schon gegeben. Aber man erinnerte sich nicht an die Toten und richtete keine Gedenksteine auf. Das liegt daran, dass der Charakter der Kriege sich gewandelt hat. Die Fürstenkriege früherer Zeiten wurden mit Söldnertruppen geführt. Erstmals in den Befreiungskriegen gegen Napoleon zu Beginn des 19. Jahrhunderts wurde der männliche Teil der Bevölkerung „zu den Waffen gerufen", wie man es damals nannte. Aus der Söldnerarmee wurde das Volksheer. Die allgemeine Wehrpflicht entstand. Nun waren es die Männer aus der unmittelbaren Lebensgemeinschaft, die eigenen Väter, Brüder und Söhne, die auf den Schlachtfeldern ihr Leben lassen mussten. Vorher war das Kriegshandwerk ein bezahltes Gewerbe, beinahe wie jeder andere Beruf auch. Nun wurde das anders; die Krieger hatten nicht für Geld gekämpft, sondern für ein hehres Ziel: die Heimat, Frau und Kind, das Vaterland. So sagte man. Ihr Tod wurde mit religiösen Begriffen umschrieben: sie hatten ihr Leben geopfert. Darum sollte nun ihr Andenken bewahrt werden. Das Kriegerdenkmal ist ein Ehrenmal. Die Toten werden zu Helden verklärt. Ihr Sterben wird glorifiziert. Und weil sie zu der eigenen Lebensgemeinschaft gehörten, werden Gedenktafeln für sie aufgestellt, und zwar in dem Raum, der allen gemeinsam ist. Unter volkskirchlichen Verhältnissen ist das das Kirchengebäude. So kamen die Gedenktafeln in die Kirchen.

Der Volkstrauertag hieß früher „Heldengedenktag". Das allgemeine Bewusstsein wurde von der Verherrlichung des Soldatentods tief geprägt, so sehr, dass die erwähnten Mahnmale von Ernst Barlach Anstoß erregten und sogar beseitigt wurden, weil sie nichts Heldenhaftes an sich hatten. Sie zeigten die gefallenen Soldaten wirklich als Opfer, als Menschen, die von anderen in den Tod geschickt worden waren. Für viele war dieser Gedanke unerträglich. Sie empfanden ihn als Herabsetzung der Gefallenen.

Die Glorifizierung des Soldatentods ist eine Erscheinung des 19. Jahrhunderts. Für den Adel war das Streben nach Kriegsruhm und darum auch der Tod auf dem Schlachtfeld schon immer eine Sache der Ehre gewesen. Doch nun wurden die Ehrenvorstellungen des Adels auf die Menschen der „bürgerlichen" Welt übertragen, wie es auch in anderen Lebensbereichen geschah. Das aufstrebende Bürgertum empfand das als gesellschaftliche Aufwertung, auch wenn der Offiziersstand den Bürgerlichen noch lange versperrt blieb. Darum reagierte es mit solcher Empörung auf eine wirklichkeitsgemäße Darstellung des elenden Sterbens im Krieg.

Gedenktafel (Uttum)

Heute ist das anders. Heute wird das Empfinden der Menschen bestimmt von der Einsicht in die Sinnlosigkeit des Krieges und von dem Wissen, dass jedenfalls im Zweiten Weltkrieg die Gefallenen von einem verbrecherischen Regime in den Tod geschickt worden waren. Der Volkstrauertag ist heute kein „Heldengedenktag" mehr, sondern ein Tag des trauernden Gedenkens und der Mahnung zum Frieden. Auch die Gedenktafeln in den Kirchen sind nicht mehr Zeugen einer Verherrlichung des Krieges und der Krieger; die vielen, vielen Namen auf ihnen lösen eher Erschrecken und Trauer aus.

Das ist gut so. Denn wir wissen: in einem neuen Krieg würden nicht nur Soldaten sterben, sondern auch alle anderen: Frauen, Kinder und Greise. So wie es im Zweiten Weltkrieg schon gewesen ist. Nach einem atomaren Krieg würde es keine Gedenktafeln in den Kirchen mehr geben. Dann würden keine Kirchengebäude mehr vorhanden sein, an deren Wand man sie anbringen könnte, und es würde niemanden mehr übrig sein, um der Toten zu gedenken.

26 In der Kirche begraben

Heutzutage würde niemand mehr auf den Gedanken kommen, einen Verstorbenen in der Kirche zu begraben. Es wäre wohl auch nicht mehr erlaubt. Früher war das anders. Davon künden die zahlreichen Grabsteine und Grabdenkmäler in unseren alten Kirchen. Viele von ihnen haben eine künstlerische oder historische Bedeutung. Denn nicht jedermann bekam ein Grab in der Kirche, sondern nur vermögende oder hochgestellte Personen.

Auch war es im Mittelalter Brauch, dass der Priester der Kirche neben dem Altar begraben wurde. Dieser Brauch ist in manchen reformierten Kirchen beibehalten worden: in dem Kirchlein von Cirkwehrum findet sich direkt hinter dem Abendmahlstisch das Grab und der in den Boden eingelassene Grabstein eines Predigers der Gemeinde, der nach kurzem Dienst im jungen Alter von nicht einmal 25 Jahren verstarb. Das war vor bald 200 Jahren. Seitdem tritt der Pastor der Gemeinde auf den Grabstein seines Vorvorgängers, wenn er hinter dem Tisch stehend das Abendmahl feiert. Daneben, direkt unter der Kanzel, befinden sich die beiden „Blausteine" der „Beninga-Fräuleins", ostfriesischer Häuptlingstöchter.

Warum finden sich überhaupt Gräber in den Kirchengebäuden? Das hängt ursprünglich mit religiösen Anschauungen zusammen, die für Reformierte nur schwer nachzuvollziehen sind. In der Antike befanden sich die Friedhöfe durchweg außerhalb der Wohnorte, oft an einer der großen Ausfallstraßen. Dort waren auch die Hinrichtungsstätten. Hier wurden in der Zeit der Christenverfolgungen viele

Märtyrer zu Tode gebracht und gleich dort beerdigt. So zeigt man in Rom noch heute die Stellen, an denen die Apostel Petrus und Paulus hingerichtet worden sein sollen. Über beiden Plätzen wurden später Kirchen gebaut; über dem Grab des Petrus der Petersdom. Sie lagen damals an der Via Appia, einer der großen Ausfallstraßen des antiken Rom. Sehr bald wurde es üblich, an der Stelle, an der ein Märtyrer gestorben war, eine Gedächtniskapelle für ihn zu errichten, in der auch seine sterblichen Überreste aufbewahrt wurden. Weil man nun der Auffassung war, dass von dem Märtyrer und auch noch von seinen Gebeinen eine segenspendende Wirkung ausgehe, wollten viele Christen möglichst nahe an dem Grab des Märtyrers bestattet werden, direkt neben seiner Confessio, d. h. der Stelle, an der er „den Glauben bekannte" und getötet wurde. Später, als das Christentum zur offiziellen Religion geworden war und große Kirchen innerhalb der Wohnorte bauen konnte, hat man die Gebeine der Märtyrer in die Kirchen geholt und im Altar aufbewahrt. Ursprünglich also wurde die Kapelle über den Gebeinen des Märtyrers errichtet. Später wurden die Gebeine des Märtyrers in die Kirchen überführt. Noch immer aber bestand der Wunsch fort, möglichst nahe bei den Gebeinen des Märtyrers die letzte Ruhestätte zu finden. So kamen die Gräber in die Kirchen.

    Natürlich standen diese Gräber nur den Menschen zur Verfügung, die es sich leisten konnten. Die begehrtesten Plätze waren unmittelbar beim Altar, der die Gebeine des Märtyrers enthielt. Je weiter vom Altar entfernt, desto billiger wurden die Begräbnisplätze. Der ganze Kirchenfußboden wurde zu einem einzigen Gräberfeld. Kirchenbänke gab es noch nicht. Wer nicht genug Geld hatte, um ein Grab in der Kirche zu erwerben, der ließ sich in der Kirchenmauer beisetzen. Wem auch dafür das Vermögen fehlte, der wurde außerhalb der Kirche unter dem Dachtrauf zur letzten Ruhe gebettet, so dass das Regenwasser vom Dach der Kirche – Dachrinnen kannte man nicht – auf das Grab träufelte und damit die Segenswirkung des Märtyrers den Verstorbenen erreichte. Es waren sehr massive, dingliche Vorstellungen von Segen und von Heiligkeit damit verbunden. Doch selbst eine solche Grabstätte konnte sich nicht jedermann leisten. Der „normale Mensch" fand seine letzte Ruhe in einem Massengrab auf dem Friedhof, der allerdings nun rings um die Kirche angelegt war, um so – wenn auch mit einem gewissen Abstand – noch immer in der Nähe des Heiligen zu sein. Die ganz Reichen und Mächtigen aber, Fürsten und Könige, ließen oftmals eine Kirche eigens zu dem Zweck errichten, um darin die Grablege ihres Geschlechts zu finden. Solche Kirchen besitzen in der Regel eine Unterkirche, eine Krypta, so dass sich die Grablege unmittelbar unter dem Altar mit den Reliquien des Märtyrers befindet.

Mehr als 1000 Jahre lang blieb es so. Im evangelischen Bereich änderte sich allerdings das Motiv für den Wunsch, in der Kirche begraben zu werden. Hier ging es nicht mehr um die Nähe zu den Gebeinen eines Märtyrers, sondern darum, sichtbar zu machen, dass eine Familie so bedeutend und so vermögend war, dass sie sich ein Grab in der Kirche und einen teuren Grabstein leisten konnte. An die Stelle der religiösen trat eine soziale Motivation: das Grab diente der öffentlichen Repräsentation. Auch im Tode waren längst nicht alle gleich ...

Der „gemeine Mann" wurde auf dem Kirchhof im Massengrab bestattet. Bei fast allen älteren Kirchen findet man noch heute den ehemaligen Friedhof rings um das Kirchengebäude. Manchmal ist er sogar noch in Gebrauch. Im 18. Jahrhundert jedoch begann man, aus hygienischen Gründen die Begräbnisplätze wieder aus den Städten und Dörfern heraus zu verlegen. Das Anwachsen der Städte im 19. Jahrhundert hat jedoch dazu geführt, dass diese einst außerhalb befindlichen Friedhöfe heute meistens wieder mitten in der Stadt liegen.

Erst vom Beginn des 19. Jahrhunderts an, zuerst in Frankreich, entwickelte sich die uns heute so vertraute Sitte, die Gräber der verstorbenen Familienangehörigen zu besuchen. Damit man sie besuchen konnte, musste man wissen, wo sie beigesetzt waren. Also begann man, auf den Friedhöfen Grabsteine zu errichten, die die Namen der hier Ruhenden verzeichneten. Eine noch spätere Einrichtung war dann das abgegrenzte und mit einer Einfassung versehene einzelne

Grab, wie heute allgemein üblich, so dass jeder einzelne Verstorbene mit seinem Namen auffindbar und sichtbar gemacht ist. Wer heute auf den Friedhof geht und an den Gräbern seiner Angehörigen steht, kann sich kaum noch vorstellen, dass es einmal ganz anders gewesen sein könnte. Doch ein sichtbares Andenken hatten nur die Verstorbenen, die einen Platz in der Kirche fanden. Ihre Grabsteine sehen wir noch heute.

Grabstein (Cirkwehrum)

27 Der Adventskranz

Reformierte Kirchen sehen eigentlich das ganze Jahr über gleich aus. Während in Kirchen anderer Tradition die Paramente (Antependien, Vorhänge) vor Kanzel und Altar im Lauf des Kirchenjahres wechseln und verschiedene liturgische Farben zeigen, bieten reformierte Kirchen stets dasselbe Bild. Einzige Ausnahme: die Advents- und Weihnachtszeit. Denn inzwischen ist es auch in reformierten Kirchen üblich geworden, einen Adventskranz und einen Weihnachtsbaum aufzustellen. Das hat etwas gedauert, weil es manche Vorbehalte zu überwinden galt, die dem „symbolischen Gegenstand" Adventskranz entgegengebracht wurden. Ein symbolischer Gegenstand ist der Adventskranz in der Tat. Dazu ein Teil der Kirchenausstattung, der erst eine junge Geschichte hat.

Der Erfinder des Adventskranzes ist Johann Hinrich Wichern (1808–1881), der Gründer des „Rauhen Hauses" in Hamburg. Dort gab er armen, obdachlosen Kindern und Jugendlichen ein Zuhause. Hier konnten sie auch einen Beruf erlernen. Das ganze Jahr über gab es Kerzenandachten und Singstunden im Rauhen Haus. In der Adventszeit aber fragten die Kinder ständig, wann denn nun endlich Weihnachten sei. So ließ Wichern 1839 im Betsaal einen hölzernen Leuchter in Form eines Wagenrades mit 23 Kerzen aufhängen. Es waren 19 kleine rote für die Werktage und vier große weiße Kerzen für die Sonntage der Adventszeit. Seinem Tagebuch ist zu entnehmen, dass an jedem Tag vom 1. Advent bis Heiligabend einer seiner Mitarbeiter eine weitere Kerze entzündete.

Einige Jahre später wurde das hölzerne Rad mit Tannengrün umwunden. Das war vermutlich 1860. In diesem Jahr führte er den Adventskranz auch im Waisenhaus in Berlin-Tegel ein.

Seine Idee verbreitete sich langsam, zuerst in Norddeutschland. Erst in der Zeit zwischen den Weltkriegen fand der Adventskranz Eingang in eine katholische Kirche in München. In den Häusern findet sich der Adventskranz in Deutschland bereits seit dem Beginn des 20. Jahrhunderts, während dieser Brauch in Österreich erst nach 1945 übernommen wurde. Inzwischen ist der Adventskranz auch in anderen Ländern heimisch geworden.

Die Anzahl von 23 Kerzen hat sich in der Zwischenzeit auf vier große Kerzen reduziert, die traditioneller Weise rot sind. Im Bereich der orthodoxen Kirchen kann man auch Kränze mit sechs Kerzen finden; dort dauert die Adventszeit länger, weil Weihnachten erst am 6. Januar gefeiert wird.

Es ist Tradition, dass der Adventskranz gegen den Uhrzeigersinn entzündet wird. Doch ist es vielerorts inzwischen zur Gewohnheit geworden, am 2. Advent die Kerze zu entzünden, die der Kerze des 1. Advents gegenübersteht. Hierüber gibt es kein Gesetz; letzten Endes kann es jeder damit halten, wie er will.

Es ist ein erstaunliches Phänomen, dass ein so junger Brauch sich so relativ schnell durchgesetzt hat und nicht nur in den Häusern, sondern auch in den Kirchen seinen Platz fand. Das ist deshalb erstaunlich, weil der Adventskranz im Sinne Wicherns ursprünglich überhaupt keine symbolische Bedeutung bei sich hatte, sondern lediglich eine Art leuchtender Kalender für die Kinder des Rauhen Hauses gewesen ist. Diese Funktion hat in unseren Familien längst der Adventskalender übernommen. Woher kommt dann die Faszination des Adventskranzes? Es wird wohl damit zusammenhängen, dass die brennende Kerze ein überaus stark empfundenes Lichtsymbol darstellt. Gerade in der dunklen Jahreszeit kann die anwachsende Zahl der Kerzen und damit die sich immer mehr verstärkende Helligkeit zum Sinnbild der wachsenden Hoffnung und Vorfreude auf die Geburt Christi werden. Weil die entzündeten Kerzen auf das Licht verweisen, das mit Christus in die Welt gekommen ist, konnten auch die reformierten Kirchen diese Symbolik übernehmen. Jedes Symbol, das auf Christus verweist, ist auch Reformierten willkommen. Abgelehnt werden hingegen Symbole, die uns von Christus wegführen.

Im Erleben der Menschen ist die Adventszeit heute eine Zeit der Vorfreude auf das Kommen Christi. Ihr Charakter hat sich stark gewandelt. Ursprünglich war sie eine Buß- und Fastenzeit. So pflegte man sich früher auf das Kommen Christi vorzubereiten. Viele Adventslieder sind noch dadurch geprägt und wirken darum auf aufmerksame Leser bzw. Sänger heutzutage etwas befremdlich. Die Verwandlung der Adventszeit aus einer Zeit der Vorbereitung in eine Zeit der Vorfreude hängt damit zusammen, dass das Weihnachtsfest im 19. Jahrhundert in Deutschland zu dem Familienfest schlechthin geworden ist. Die verständliche Vorfreude der Kinder auf Weihnachten hat auf die Erwachsenen abgefärbt und so langsam den Charakter der Adventszeit verändert. Während noch in der Zeit Johann Sebastian Bachs in den Kirchen Leipzigs an den Sonntagen der Adventszeit keine Kantaten aufgeführt werden durften, weil es sich um „ernste" Sonntage der Vorbereitung und inneren Einkehr handelte, ist heute die Adventszeit auch in den Kirchen erfüllt von fröhlichem Musizieren. Ich finde das nicht verkehrt, jedenfalls dann, wenn sich darin die Vorfreude auf das Kommen Christi in die Welt spiegelt.

Der Adventskranz hat vielfältige symbolische Deutungen an sich gezogen. So wird er gern auf den Erdkreis und die vier Himmelsrichtungen gedeutet. Der Kreis soll auch das mit der Auferstehung gegebene ewige Leben symbolisieren, das Tannengrün das Leben an sich und die Kerzen das kommende Licht Gottes. Das allerdings sind nachträglich hinzugetretene Sinndeutungen, die aber in sich selbst durchaus nicht verkehrt sein müssen.

28 Der Christbaum

Es liegt auf der Hand: Der Christbaum oder Weihnachtsbaum gehört nicht zur ständigen Ausstattung einer Kirche. In der Woche nach dem 4. Advent wird er aufgestellt und mit Kerzen, Strohsternen, auch Weihnachtskugeln und Lametta – je nach Geschmack – geschmückt. In evangelischen Kirchen bleibt er traditioneller Weise bis zum Epiphaniasfest (6. Januar) stehen, während die römisch-katholische Kirche die Weihnachtszeit früher am Fest der Darstellung des Herrn (Mariä Lichtmess 2. Februar) enden ließ, seit der Liturgiereform mit dem Fest der Taufe des Herrn, dem 1. Sonntag nach Epiphanias. Seine Geschichte reicht weit zurück.

Bereits im Mittelalter hat man vielerorts zu öffentlichen Festlichkeiten Bäume geschmückt; der Maibau und der Richtkranz auf einem Neubau sind die Reste davon. Zu Weihnachten hingegen hat man gern in der Kirche Paradiesspiele aufgeführt. Dazu wurde ein Paradiesbaum in der Kirche aufgestellt, durchaus nicht immer ein Nadel-, sondern auch ein Laubbaum. Man behängte ihn mit Äpfeln. Der Apfel, das ist klar, war das Zeichen der verbotenen Frucht des Paradieses. Noch bis vor 150 Jahren konnte man in Norddeutschland Weihnachtsbäume mit Adam und Eva und der Schlange – aus Holz oder als Backwerk – geschmückt finden. Aus dem Jahr 1419 ist die Nachricht überkommen, dass die Freiburger Bäckerschaft einen Baum mit Naschwerk, Nüssen und Früchten behängt habe, den die Kinder zu Neujahr leer schütteln und plündern durften. Die nächste Nachricht stammt aus dem Jahr 1539; sie besagt, dass dieses Jahr im Straßburger Münster ein Weihnachtsbaum aufgestellt wurde. Ab 1605 ist bekannt, dass man den Weihnachtsbaum mit süßen Sachen und Äpfeln schmückt, woraus sich im 19. Jahrhundert der Brauch entwickelte, ihn mit Christbaumkugeln zu behängen. Im Jahr 1611 soll die schlesische Herzogin Dorothea Sybille zum ersten Mal Kerzen an einem Weihnachtsbaum aufgesteckt haben.

Im 16. Jahrhundert wurde der Christbaum zum Zeichen evangelisch-lutherischer Kirchlichkeit. Sein katholisches Gegenstück ist die Weihnachtskrippe. Das Konzil von Trient (1545–1563) versuchte, die Inhalte der Bibel durch bildliche Darstellungen bekannt zu machen. Die erste bekannte Weihnachtskrippe wurde 1562 von Angehörigen des Jesuitenordens in Prag aufgestellt. Zu den berühmtesten Krippendarstellungen zählen bis heute die neapolitanischen Krippen, die auch in Österreich und Süddeutschland nachgeahmt wurden. Kaiserin Maria Theresia verbot im 18. Jahrhundert für einige Zeit die Aufstellung von Weihnachtskrippen in den Kirchen. So wanderten die Krippen in den häuslichen Bereich.

Der Weihnachtsbaum hingegen war noch lange Zeit ein Einrichtungsgegenstand der evangelisch-lutherischen Kirchen. In den Häusern stellte man keine Bäume auf, sondern behalf sich mit Zweigen und anderem Grün. Erst von der Mitte des 19. Jahrhunderts an, als man planmäßig Tannen- und Fichtenforstungen anlegte, findet sich zur Weihnachtszeit in jeder guten Stube ein Weihnachtsbaum. Der Brauch wurde auch von römisch-katholischen Familien übernommen, so wie man die Weihnachtskrippe heutzutage auch in evangelischen Häusern findet.

Es sollte jedoch noch lange dauern, bis Weihnachtsbaum und Krippe ihren Einzug auch in evangelisch-reformierten Familien und, noch später, in evangelisch-reformierten Kirchen halten sollten. Es gab starke Vorbehalte gegen diese Art „bildlicher" Darstellung des Evangeliums; das Evangelium soll gepredigt, nicht angeschaut werden. Eher als die Kirchengemeinden schlossen sich die Familien dem allgemeinen Trend an. In den evangelisch-reformierten Kirchen erscheint der Weihnachtsbaum erst nach dem 2. Weltkrieg. Die große Bevölkerungsmischung durch Millionen Flüchtlinge aus den deutschen Ostgebieten trug dazu bei. Für sie war ein Weihnachtsgottesdienst ohne Weihnachtsbaum undenkbar.

Damit steht in Zusammenhang, dass sich in den evangelisch-reformierten Gemeinden das Weihnachtsfest erst sehr spät, etwa vor 50 Jahren, auf den Heiligabend vorgeschoben hat. Bis dahin war man der festen Überzeugung, dass das Weihnachtsfest am 1. Weihnachtstag beginnt, wie der Name des Tages ja auch besagt. So ist es noch immer in der Mehrzahl der europäischen Kirchen außerhalb Deutschlands. Der Heiligabend als Tag der Geschenke und des Weihnachtsgottesdienstes am Nachmittag ist vielerorts unbekannt. Geschenke für die Kinder gibt es z. B. in den Niederlanden am 6. Dezember (Sinterklaas) oder in England zur Jahreswende. Bis 1970 war es in vielen evangelisch-reformierten Gemeinden unserer Kirche üblich, am Heiligabend die Kindergottesdienstweihnachtsfeier durchzuführen. Das hat sich dann schnell und gründlich geändert. Heute ist auch in den reformierten Gemeinden der Heiligabendgottesdienst der am besten besuchte im Jahr. Kaum einer vermag sich vorzustellen, dass es noch vor 35 Jahren ganz anders war. Das Vordringen des Heiligabendgottesdienstes hat dazu geführt, dass die beiden Weihnachtsfeiertage fast an den Rand gedrängt wurden. Der Gottesdienstbesuch ist kaum höher als an gewöhnlichen Sonntagen. Man sieht daran, dass auch liturgische Bräuche und Gewohnheiten sich manchmal überraschend schnell ändern können, wenn diese Änderung dem allgemeinen Trend, dem „Geist der Zeit", entspricht.

29 Herrenböntje und Geschlechterschilde

Man findet sie noch in einigen, längst aber nicht in allen Kirchen. Manchmal sind es gesonderte Emporen, mit Glasfenstern abgetrennt und vorne in der Kirche unmittelbar gegenüber der Kanzel platziert; öfter sind es bescheidenere, nur mit einem Baldachin versehene und einem Wappen gekrönte, besonders hervorgehobene Bänke, oft auf der Empore an der Westwand der Kirche rechts und links der Orgel. Manchmal stehen sie auch im Gemeinderaum, nur um eine Stufe erhöht, gegenüber der Kanzel. Das sind die gesonder-

Herrenböntje (Hinte)

ten Emporen oder „Logen" in manchen unserer Kirchen, die man auch „Herrenböntje" nennt. Sie sind die sichtbaren Zeichen einer Zeit, in der das Kirchenwesen in unseren Gemeinden durchaus anders organisiert war als heute.

Wie die Bezeichnung schon erkennen lässt, handelt es sich dabei um besondere Sitzplätze für die Häuptlinge, Freiherren, Grafen oder Fürsten, die in der jeweiligen Kirche das Patronatsrecht innehatten. Dieses Recht war als „dingliches Recht" mit bestimmten Höfen oder Adelsherrschaften verbunden; es konnte mit diesen vererbt oder verkauft werden und war unabhängig von der Konfessionszugehörigkeit des Besitzers. Das Patronatsrecht hatte Rechte und Pflichten zum Inhalt. Zu dem mit dem Patronat verbundenen Rechten gehörte als vornehmstes, über die Besetzung der Pfarrstelle entscheiden zu können, also zu bestimmen, wer in der Gemeinde Pastor sein sollte. Dem entsprach als hervortretende Pflicht die Aufgabe, für die Erhaltung der Kirche und die Besoldung des Pastors aufzukommen, also die „Kirchlasten" zu tragen. Weil es sich um ein dingliches Recht handelte, konnte es geschehen, dass ein Patronatsherr, der selber der römisch-katholischen Kirche angehörte, die Kirche und die Pfarrstelle einer reformierten Gemeinde zu unterhalten hatte, aber auch darüber bestimmen durfte, wer in der Gemeinde Prediger sein sollte.

Heute sind wir es gewohnt, dass das Recht der Pfarrwahl allen erwachsenen, konfirmierten Gemeindegliedern zusteht; dementsprechend müssen auch alle Gemeindeglieder durch Kirchensteuern und Ortskirchgeld die „Kirchlasten" gemeinsam tragen. Früher war das anders, und die Rechtsverhältnisse konnten von Dorf zu Dorf wechseln, unabhängig von der Konfession. In vielen Gemeinden bestimmte nicht ein einzelner Patronatsherr über das Kirchenwesen, sondern die grundbesitzende Schicht der freien, rechtsfähigen, eigenbeerbten Bauern übte ein „Genossenschaftspatronat" aus. Sie wählten den Pfarrer und trugen die Kirchlasten. In der Fachwelt heißt das „das Interessentenwahlrecht". In der zweiten Hälfte des 19. Jahrhunderts wurde, parallel zur Einführung der Kirchensteuer, das Mitwirkungsrecht der Gemeindeglieder erweitert: sie durften nun den Pfarrer und das Presbyterium wählen. Doch galt bei Kirchenwahlen wie bei politischen Wahlen das „Dreiklassenwahlrecht": Je mehr Steuern jemand zahlte, umso mehr Stimmen hatte er. Von dem demokratischen Prinzip „eine Person – eine Stimme" war man noch weit entfernt. Das wurde erst nach dem 1. Weltkrieg eingeführt. Seitdem haben alle Gemeindeglieder gleiche Rechte und Pflichten. Die vorhandenen Patronate, oftmals in „Ehrenpatronate" umgewandelt, bestanden jedoch weiterhin, bis sie in der zweiten Hälfte des 20. Jahrhunderts nach und nach im Einvernehmen mit den Patronatseignern aufgehoben wurden.

Zu den baulich sichtbaren Zeugen des Patronats gehören auch die „Geschlechterschilde" oder „Totenschilde" in manchen Kirchen. Es handelt sich dabei um viereckige, mit einem Rahmen versehene Holztafeln, die an der Wand so aufgehängt sind, dass eine Spitze nach unten zeigt; sie sehen wie ein auf der Spitze stehendes Quadrat aus. Auf diesen Tafeln ist in der Regel das Wappen des jeweiligen Patronatsherrn und eine Umschrift angebracht, die den Namen und die Lebensdaten des Verstorbenen nennt.

Die Kirche hat zu keiner Zeit außerhalb der öffentlichen, politischen Rechtsordnung existiert. Bis zum Beginn der europäischen Neuzeit bildeten Bürgergemeinde und Christengemeinde eine Einheit. So haben die Lebensverhältnisse des politischen Gemeinwesens sich auch auf die Rechtsgestalt der Kirche ausgewirkt. In früheren Zeiten haben innerhalb einer ständisch verfassten Gesellschaft adlige Herrschaften oder grundbesitzende Bauern das Kirchenwesen bestimmt – wohlgemerkt: nicht nur mit Rechten, sondern auch mit Pflichten –, während in der heutigen demokratisch verfassten Gesellschaft auch die Kirche demokratisch organisiert ist. Es ist Johannes Calvin gewesen, der als erster, wenn auch erfolglos, den Versuch gemacht hat, Bürgergemeinde und Kirchengemeinde zu entflechten und zu einer rechtlichen Selbstständigkeit der Kirche zu gelangen. Diesem Ziel sollte die Einrichtung von Presbyterien und Synoden dienen. Die Kirche sollte ausschließlich ihrem Herrn Jesus Christus verpflichtet sein und unabhängig von den politischen Gewalten leben können. Das ist ihm seinerzeit nicht gelungen; er konnte sich mit seinen Organisationsplänen nicht gegen den Magistrat der Stadt Genf durchsetzten. Die rechtliche Selbstständigkeit der Evangelischen Kirche und ihre Unabhängigkeit vom Staat wurden erst 1918 erreicht.

Dass die Kirche in vieler Hinsicht in die geltende Rechtsordnung eingebunden ist, versteht sich von selbst und ist kein Schade. Im Blick auf ihre innere Ordnung darf sie sich jedoch nicht von dem bestimmen lassen, was jeweils im gesellschaftlichen Raum für richtig oder wünschenswert gehalten wird. Herr der Kirche ist Jesus Christus allein. So hat die Kirche nicht nur „mit ihrem Glauben wie mit ihrem Gehorsam", sondern auch „mit ihrer Ordnung ... zu bezeugen, dass sie allein sein Eigentum ist.", wie die 3. These von Barmen 1934 erklärte. Von diesem rechtstheologischen Prinzip ihrer Ordnung darf die Kirche nicht weichen – bei allem Respekt vor dem Recht und der Ordnung des bürgerlichen Gemeinwesens. Nicht alles, was im staatlichen Raum gut und richtig ist, taugt auch für die innere Ordnung der Kirche. Die staatliche Ordnung ist den Staatsbürgern verpflichtet, die kirchliche Ordnung hingegen will der Herrschaft Christi dienen.

30 _Brennende Kerzen_

Manche Dinge können unvermutet zu einer Bedeutung gelangen, die ihnen von ihrer eigenen Natur her gar nicht innewohnt. Sie können zum Streitpunkt werden, zum Stein des Anstoßes, zu einer Frage, an der sich die Geister scheiden. Im Bereich der reformierten Kirchlichkeit haben – heutzutage und in Deutschland – Kerzen gelegentlich diese Rolle zu übernehmen. Manche halten das Kerzenlicht überhaupt wegen seiner die Gefühle ansprechenden Wirkung für ungeeignet, in einer reformierten Kirche sichtbar zu werden; das, so sagen sie, sei „nicht reformiert".

Wer durch unsere alten Kirchen geht, findet vielerorts schöne aus Messing gefertigte Deckenleuchter, „Kronen" genannt. Schließlich braucht man gelegentlich künstliches Licht in der Kirche, jedenfalls dann, wenn der Gottesdienst nicht am Vormittag stattfindet; und solche Gottesdienste gibt es ja auch in reformierten Gemeinden. Natürlich waren in früheren Zeiten diese „Kronen" mit Kerzen bestückt; womit auch sonst? Mit der Einführung der elektrischen Beleuchtung wurden viele auf elektrische Glühbirnen umgebaut; aber nicht selten findet man auch noch Kronen, die „echte" Kerzen tragen, und wenn Gottesdienst ist und die Lichtverhältnisse es erfordern, werden sie angezündet. Weil diese Leuchter in der Regel im Mittelgang der Kirche hängen, reicht ihre Strahlkraft vielfach nicht aus, um auch an den Wandseiten der Bänke das Lesen im Gesangbuch und in der Bibel zu ermöglichen. So hat man oft auf der Oberkante der Banklehnen eine oder zwei Metallhülsen pro Reihe angebracht, in die Kerzen gesteckt werden konnten. In manchen Kirchen sind sie noch erhalten – und werden gelegentlich auch verwendet.

Wer aufmerksam hinschaut, kann auch an den Kanzeln noch die Spuren früherer Kerzenbeleuchtung erkennen. Die Leuchter sind zwar fast alle verschwunden, aber die Halterung an der Kanzelwand ist oft noch vorhanden. Ihre Entfernung hätte unschöne Löcher im Holz des Kanzelkorbes hinterlassen. Wie hätte früher ein Pastor den Bibeltext und seine Predigt lesen sollen, wenn die Helligkeit aus den Fenstern nicht ausreichte? Dasselbe gilt für die Orgelspieler.

Selten oder nie findet man einen Kerzenleuchter auf dem Abendmahlstisch; jedenfalls in den deutschen reformierten Kirchen. In den Niederlanden ist das anders. Wenn der Pastor oder die Pastorin während des ganzen Gottesdienstes auf der Kanzel ist, braucht man kein Licht am Abendmahlstisch – außer zu den Abendmahlsfeiern, doch die waren meistens am Sonntagvormittag. Wenn aber der Tisch jeden Sonntag auch für die Lesungen und Gebete in der Eingangsliturgie benutzt wird, sieht die Sache anders aus. Kurzum: die Frage, ob man Kerzen in der Kirche haben dürfe, war früher kein Problem und auch kein konfessionelles Unterscheidungsmerkmal. Sie wurde durch die Notwendigkeit ausreichender Beleuchtung entschieden. Was die Reformierten allerdings vermieden, war, auf dem Abendmahlstisch zwei Kerzen rechts und links von der Bibel aufzustellen. Das erinnerte zu sehr an einen „Altar" und an die Verbindung der Kerze mit der Anrufung der Heiligen (siehe das Kapitel „Die Kerzen und der Kuss"). Aber die Kerze als solche, auch in der Kirche, auch auf dem Abendmahlstisch, war kein Problem.

Wie kommt es dann, dass heutzutage manchmal die Aufstellung einer Kerze auf dem Abendmahlstisch oder einer Osterkerze im Raum daneben zu Diskussion und Widerspruch führt und als „nicht reformiert" empfunden wird? Ich sehe dafür hauptsächlich zwei Gründe:
– Oftmals wird eine Sache, die tatsächlich einmal ein religiöses und konfessionelles Unterscheidungsmerkmal gewesen ist, aus ihrem ursprünglichen Zusammenhang gelöst und ins Grundsätzliche erhoben. So haben die Reformierten im 16. Jahrhundert die Stiftung von Kerzen und

damit ihre Verwendung im Kirchenraum abgeschafft, weil sie die Heiligenverehrung ablehnten; der Widerspruch richtete sich nicht gegen die Kerze als solche, sondern gegen die Anrufung der Heiligen. Später hat man diesen Zusammenhang vergessen und wusste nur noch: Wir sind reformiert, wir haben keine Kerzen. Dass man trotzdem Kerzen in der Kirche hatte, nämlich zur Beleuchtung, wurde dabei übersehen.

- In den Jahrhunderten nach der Reformation, insbesondere im 18. und 19. Jahrhundert, haben sich die Reformierten besonders deutlich gegen allerlei noch im Volk vorhandene „abergläubische" Praktiken gewandt und in diesem Zusammenhang alles abgelehnt, was nicht den Verstand, sondern das Gefühl, nicht den Kopf, sondern das Herz anspricht. Das mag seinerzeit gar nicht verkehrt gewesen sein; aber es hat sich aus seinem geschichtlichen Zusammenhang gelöst und verselbstständigt. Heute nehmen wir wahr, dass damit eine Verkürzung, weil „Verkopfung" der christlichen Frömmigkeit stattgefunden hat.

Kerzenleuchter auf den Bänken (Böhmerwold)

Ich meine, wir Reformierte sollten uns dafür öffnen, dass Menschen ihren Glauben und ihre Frömmigkeit auf unterschiedlichen Ebenen leben, nicht nur im Denken, sondern auch im Empfinden. So erreicht sie das Evangelium nicht allein in der verständig klaren Sprache des mündlichen Wortes, sondern ebenso in der so ganz anderen Sprache der Musik oder des Symbols. Auch eine brennende Kerze kann solch ein Symbol sein.

31 Kreuz und Kruzifix

In reformierten Kirchen findet man in der Regel weder Kreuz noch Kruzifix. Das ist auffällig. Selbst altreformierte Kirchen haben meist ein Kreuz an der Stirnwand des Kirchenraums; genau so ist es in den Kirchen, Kapellen und Sälen vieler Freikirchen. In unierten Kirchen steht ein Kreuz auf dem Altar, in lutherischen und römisch-katholischen Kirchen treffen wir dort meist ein Kruzifix – bei den Lutheranern stehend, bei den Katholiken liegend. Woher diese Unterschiede?

Jesus ist am Kreuz hingerichtet worden. Das war in der Antike die schändlichste Todesart überhaupt. Die heidnischen Gegner haben das dem frühen Christentum immer wieder entgegengehalten: Wer gekreuzigt wurde, musste einfach ein verabscheuenswürdiger Verbrecher sein. An so einen soll man glauben? So hat die Kirche 400 Jahre lang das Kreuz nicht als öffentliches Symbol in ihren Kirchenräumen verwendet. Das änderte sich mit dem Sieg Kaiser Konstantins an der Milvischen Brücke 312 n. Chr. In der Nacht zuvor soll ihm im Traum ein Kreuz erschienen sein, und er hörte eine Stimme: In diesem Zeichen wirst du siegen. Konstantin machte das Christentum zur erlaubten Religion, seine Nachfolger zur Reichsreligion. Nun erscheint das Kreuz in den Kirchen: als Siegeszeichen. Ältestes Beispiel ist die Holztür von S. Sabina in Rom (um 432).

Das blieb so 700 Jahre lang. Das Kreuz mit dem daran befestigten Gekreuzigten, das Kruzifix, zeigt Jesus nicht als Leidenden und Sterbenden mit Dornenkrone und verkrümmtem Leib. Bis zum Ausgang der Romanik erscheint der Gekreuzigte als Sieger: stehend, mit offenen Augen und Herrscherkrone, die Hände zur Segensgeste ausgestreckt. So hängt er im Chorbogen, der den Altarraum vom Gemeinderaum trennt, im „Triumphbogen"; oder er steht dort auf einem Querbalken – wenn vorhanden, auf dem Lettner – manchmal mit Maria und Johannes unter dem Kreuz. Vor bzw. unter ihm ist der Kreuzaltar, der „Volksaltar". Die Seitenaltäre im Chor haben in der Regel kein Kreuz oder Kruzifix.

Im 12. Jahrhundert ändert sich die Darstellung des Gekreuzigten. Das gotische Kruzifix zeigt ihn nun als Leidenden mit der Dornenkrone, als Sterbenden (mit brechenden Augen) oder als Gestorbenen (mit geschlossenen Augen). Die Beine sind verschränkt und übereinander genagelt. Bernhard von Clairvaux, prominentestes Mitglied des Zisterzienserordens, hat diese Veränderung eingeleitet. In seiner Frömmigkeit tritt das heilige Leiden des Erlösers in den Mittelpunkt. In seinen Predigten und in der mystischen, meditativen Versenkung der persönlichen Andacht steht das Bild des für uns leidenden Christus vor dem inneren Auge des Glaubens. Es ist die Zeit der Kreuzzüge. „Das Kreuz nehmen" bedeutet, sich in die Leidensnachfolge, auf die Kreuzfahrt, zu begeben. So sieht man es damals. Franz von Assisi hat die Meditation des Gekreuzigten weiter verstärkt, bis hin zur eigenen Stigmatisierung: die Wundmale Christi erschienen in seinen Händen und an seiner Seite. Auch Frauen spielen in dieser Frömmigkeit eine große Rolle: Die Mystikerinnen konzentrieren sich ganz auf die Meditation des Kreuzes. Nun gibt es auch kleine, handliche Kruzifixe für den Hausgebrauch, Andachtsbilder mit Kreuzigungsdarstellungen und den „Kreuzweg" mit seinen vielen Stationen in den Kirchen, auf Friedhöfen und Pilgerwegen. Bis zum Spätmittelalter hin wird diese Kreuzesfrömmigkeit immer intensiver und reicht in der römisch-katholischen Kirche, nicht nur in bestimmten Orden und in der Volksfrömmigkeit, bis in die Gegenwart. Sie mischt sich oft mit der ganz anders gelagerten Verwendung des Kreuzes oder Kruzifixes als „Segenszeichen" und als „Zugehörigkeitszeichen". Hierher gehören die Wegkreuze und die Kreuze in der Feldmark und die wie ein Amulett verwendeten Kreuzchen, die an einem

Kettchen um den Hals getragen werden. Ein „Zugehörigkeitszeichen" ist auch das Sich-Bekreuzigen, das Kreuz auf dem Kirchturm und das „Weihekreuz" an den Pfeilern und Wänden einer Kirche.

Ganze Kirchen wurden im Mittelalter „dem Heiligen Kreuz" geweiht. Eine der ersten war S. Croce in Rom. Als Reliquie befand sich in diesen Kirchen ein Splitter vom Holz des Kreuzes im Altar. Das Kruzifix diente auch als Behälter zur Aufbewahrung von Reliquien, und zwar in Kopf und Brust des Gekreuzigten. Deshalb trugen Bischöfe von nun an ein Kreuz auf der Brust; es trat an die Stelle der bis dahin auf der Brust getragenen ovalen Reliquienkapsel (Pectorale).

Die Reformation hat Kreuz und Kruzifix nicht generell aus den Kirchen verbannt, obwohl sie um den magischen Missbrauch des Kruzifixes wusste. In der lutherischen Tradition blieb das Kruzifix erhalten; Martin Luther verstand seine Theologie betont als „Kreuzestheologie". Darin waren Zwingli und Calvin mit ihm einig. Doch zusammen mit allen bildlichen und symbolischen Darstellungen und Gegenständen entfernten sie auch das Kruzifix aus den Kirchen. Der abergläubische Missbrauch stand ihnen zu deutlich vor Augen, auch die Funktion des Kruzifixes als Reliquienkapsel. Calvin orientierte sich ferner, wie so oft, an der frühen Christenheit, die in ihren Kirchen weder Kreuz noch Kruzifix hatte.

Die Konzentration auf den Gekreuzigten, seine Wunden und sein vergossenes Blut kennzeichnete in der Neuzeit auch den Pietismus und die Erweckungsbewegung. Dadurch geprägt verwenden altreformierte Gemeinden zwar nicht das Kruzifix, aber doch das Kreuz in ihren Kirchenräumen. Wo es im 19. Jahrhundert zur Union zwischen lutherischen und reformierten Gemeinden kam, einigte man sich oft auf das einfache Kreuz ohne Corpus (Körper des Gekreuzigten) als Kompromiss; eine bildliche Darstellung Christi war für viele Reformierte unannehmbar, weil Christus doch Gottes Sohn und eines Wesens mit dem Vater ist und man Gott nicht darstellen darf. Doch waren die Reformierten über das Erlaubtsein eines Christusbildes verschiedener Meinung.

Meine persönliche Meinung – aus der ich aber kein Dogma mache – ist, dass ich auf Kreuz und Kruzifix und alle anderen Kreuzeszeichen verzichten möchte. Sie zeigen uns das Leiden Christi; aber dass dieses Leiden nicht einfach Ausdruck einer immer wiederkehrenden menschlichen Grundsituation, sondern ein „für uns" geschehenes Leiden, ein Heilsgeschehen und also etwas Einmaliges und Besonderes ist, das muss man wissen oder gesagt bekommen. Die bildliche Darstellung gibt es nicht zu verstehen. Das kann nur das mündliche Wort. Und überdies: Die Christuspredigt hört nicht mit dem Karfreitag auf; sie predigt den Auferstandenen. Den aber zeigen uns weder Kreuz noch Kruzifix.

32 *Dreisitz und Schriftaltar*

Dass in reformierten Kirchen keine bildlichen Darstellungen zu finden sind, ist allgemein bekannt. Auch in alten, aus dem Mittelalter stammenden Kirchen ist es so – oder besser: war es so. Bei Restaurierungen im 20. Jahrhundert

Dreisitz (Canum)

hat man aufgefundene Wandfresken in der Regel sichtbar stehen gelassen und nicht wieder übertüncht. Wo sind die mittelalterlichen Einrichtungsgegenstände der Kirchen geblieben, die Altäre, Taufen, Orgeln, Glasfenster, Heiligenstatuen, Bildtafeln, Chorgestühle, und die Altargeräte wie Priesterkelch und Brotteller? Wenn man sie nicht weiterhin brauchte, wie die Taufen, wurden sie verkauft oder zerstört. Die Glasfenster wurden eingeworfen, die Altäre abgebrochen, die Statuen geschändet, indem man ihnen Hände, Nase oder Ohren abschnitt, sie also verstümmelte. Die Bilder wurden vernichtet – manchmal, nachdem man ihnen in einem ordentlichen Gerichtsverfahren regelrecht den Prozess wegen Verführung zur Abgötterei gemacht, sie zum Tode verurteilt und dann verbrannt hat. Uns Heutigen kommt das befremdlich vor; wir sehen solche Gegenstände als Kunstwerke und verspüren die Macht nicht mehr, die sie einmal über die Menschen hatten und die die Menschen vor ihnen in die Knie zwang. Doch diese Macht konnte für das Empfinden der Zeitgenossen nur durch Verstümmelung oder Vernichtung gebrochen werden. Darum kam es im 16. Jahrhundert zum Bildersturm – übrigens nicht nur in reformierten Gemeinden.

Doch die Reformationszeit hat nicht nur das Alte abgebrochen, sondern auch Neues geschaffen, insbesondere in dem Raum des Kirchengebäudes, der in der altgläubigen Zeit das religiöse Zentrum war: dem Altarraum. Er bedurfte einer Neugestaltung, um für die evangelische Abendmahlsfeier brauchbar zu sein. Vielerorts wurde in reformierten Kirchen der Lettner zwischen Altarraum und Gemeinderaum abgebrochen und der Altarraum mit Bänken bestuhlt, also zum Gemeinderaum hinzugenommen. Oft aber blieb der Lettner stehen; er wurde mit Holz verkleidet und so außer Gebrauch gestellt. Nicht selten wurde im 17. Jahrhundert der Lettner mit einer darauf gestellten Orgel gekrönt. Der alte Altarraum hingegen wurde in der Mitte des 16. Jahrhunderts zum Abendmahlsraum umgestaltet. Wo das geschah, wurden bestimmte Einrichtungsgegenstände dafür neu geschaffen.

Einer dieser neuen Einrichtungsgegenstände ist die Schrifttafel. Manchmal wurden vorhandene Altarbilder (Retabeln) mit Schriftzeichen übermalt, oft aber wurden neue Schrifttafeln angefertigt. Auf ihnen sind in aller Regel die Einsetzungsworte zum Abendmahl zu lesen. Eine solche Tafel findet sich in Uttum/Ostfriesland; sie ist von 1588. Es gibt sie noch öfter, auch in lutherischen Kirchen. In Uttum hängt die Tafel heute an der Nordwand. Sie stand aber einmal an der Stirnwand des Altarraums, dort, wo heute die Eingangstür ist. In Canum/Ostfriesland hingegen sind die Einsetzungsworte auf dem Abendmahlstisch, einem Truhentisch, angebracht. Hinter dem Tisch befindet sich eine schön gestaltete Holzbank, von einem ausladenden Baldachin gekrönt, auf der drei Personen Platz haben: ein Dreisitz. Den gibt es auch in Uttum, aber er steht heute separat an der Westwand. Beide sind von 1584. Der klassische Aufstellungsort eines Dreisitzes befindet sich unter der Schrifttafel mit den Abendmahlsworten, unmittelbar hinter dem Abendmahlstisch.

Wie bekannt, pflegte man das Abendmahl so zu feiern, dass die Gemeinde um den Tisch saß. Auf dem Dreisitz, dem durch seine Gestaltung ausgezeichneten und hervorgehobenen Platz, saß der Pastor mit den beiden Ältesten oder Diakonen, die bei der Mahlfeier assistierten. Manchmal hat man die Abendmahlsworte nicht auf einer Schrifttafel, sondern als umlaufendes Spruchband an den Mauern des Altarraums angebracht; so ist es in Hinte zu sehen. Dort sind die Abendmahlsbänke noch zu finden, die in Canum fehlen: Sie sind im Abendmahlsraum im Halbkreis ringsum an den Wänden aufgestellt. Oftmals, so in Canum, findet sich auch ein aufwändiger Fußbodenbelag aus farbig glasierten Ziegeln.

Was hat man mit einer solchen Raumgestaltung beabsichtigt? Was sie zu verstehen gibt, wird erkennbar, wenn man sie mit der Einrichtung eines herrschaftlichen Bankettsaales aus derselben Zeit, z. B. in einer ostfriesischen Häuptlingsburg, vergleicht: Der Abendmahlsraum ist wie ein Festsaal gestaltet, mit herrschaftlichem Mobiliar und Fußbodenbelag und mit einem erhöhten Sitz, wie für den Adelsherrn in seiner Burg. Hier feiert die Gefolgschaft Christi mit ihrem Herrn das Festmahl. Im Essen von dem einen Brot und im Trinken aus dem einen Becher wird die Gemeinde Christi, das Volk Gottes, konstituiert und tritt sichtbar in Erscheinung. So findet sich am unteren Ende der Schrifttafeln oft die Bitte um Bewahrung: Christus, der Herr, möge seine Gemeinde in der Gemeinschaft des Glaubens mit ihm und in der Liebe zueinander bewahren. Das aber findet in einem Festsaal, geradezu einem Prunksaal statt, der durch seine prächtige Gestaltung schon ein Abbild des himmlischen Festsaals ist, in welchem einmal „das Hochzeitsmahl des Lammes" gefeiert wird.

Mittelalterliche Kirchen waren in zwei Räume aufgeteilt: Gemeinderaum und Altarraum. Letzterer war dem Priester vorbehalten; die Gemeinde kam nur bis zur Chorschranke. Auch reformierte Kirchen können eine Zweiteilung aufweisen. Aber nicht zwischen Priesterraum und Gemeinderaum, sondern zwischen Predigtraum und Abendmahlsraum. Während sich in der einen Tradition die Kirche Christi in der Person des geweihten Priesters der Gemeinde und der Welt darstellt, tut sie es in der reformierten Tradition in Gestalt der (auserwählten) Abendmahlsgemeinde. Das gibt die Neugestaltung des Altarraums, seine Umgestaltung zum Abendmahlsraum, sichtbar zu verstehen.

Übrigens: Wer das am besten erhaltene Beispiel einer reformierten Abendmahlschor-Ausstattung in Ostfriesland ansehen möchte, der muss die lutherische Ludgerikirche in Norden aufsuchen. Die Chorausstattung stammt aus der Zeit, als Norden in der zweiten Hälfte des 16. Jahrhunderts eine Zeit lang reformiert war; sie ist seit der letzten Renovierung wieder in ihrem originalen Zustand zu sehen.

33 *Die Zehn-Gebote-Tafel*

In manchen Kirchen, nicht nur bei den Reformierten, findet man an der Kirchenwand oder, wenn vorhanden, als Retabel auf dem Altar große, meist zweiflügelige Holztafeln, auf denen die Zehn Gebote (Dekalog) zu sehen sind. Manchmal sind die Gebote im Wortlaut darauf geschrieben, nicht selten auch durch bildliche Darstellungen ergänzt. Manchmal sieht man nur bildliche Darstellungen auf den Tafeln.

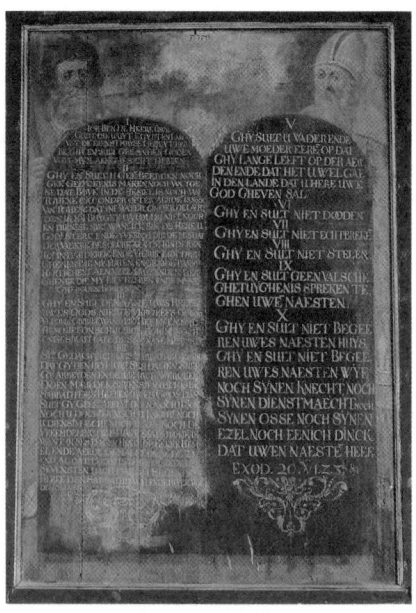

Zehn-Gebote-Tafel (Uphusen)

Ihr Ursprung liegt im Mittelalter. Die frühesten Dekalogdarstellungen finden sich im 13. Jahrhundert in Frankreich. Sie waren für die Kleriker bestimmt. Wenn der Priester die Beichte hörte, dienten sie ihm als Gedächtnisstütze: Er ging der Reihe nach daran entlang und fragte das „Beichtkind", ob es gegen das Gebot verstoßen habe. Diese Dekalogdarstellungen finden sich zumeist an der Kirchenwand. Die Tafelform ist erst ab ca.1400 nachweisbar. Die Darstellung des Dekalogs auf großen Holztafeln lässt vermuten, dass sie sich an das Kirchenvolk richtete und im Kirchenraum auch auf größere Entfernung hin sichtbar sein sollte.

Die Zehn Gebote gehören zu den „Hauptstücken" des Glaubens. Die anderen Hauptstücke sind das Glaubensbekenntnis und das Vaterunser. Auch die findet man auf großen Holztafeln dargestellt. Sie sollte jeder Christ kennen. Im Verlauf des 15. Jahrhunderts, mit dem Entstehen des Buchdrucks, wurden große Einblattdrucke hergestellt, die jeweils eines dieser Hauptstücke enthielten. Sie wurden ebenfalls auf Holztafeln geklebt und waren für den häuslichen Gebrauch bestimmt. Später hat man die Hauptstücke in kleinerem Format auf Papier gedruckt und mit Erklärungen versehen: Der Katechismus entstand. Ein Katechismus besteht in seiner klassischen Form aus eben den drei Hauptstücken: den Zehn Geboten, dem Glaubensbekenntnis und dem Vaterunser, die Stück für Stück erklärt werden. Die bekanntesten Katechismen der evangelischen Kirche sind Luthers Kleiner Katechismus und der Heidelberger Katechismus. In der Reformationszeit sind neben den gedruckten Katechismen auch Holztafeln mit den Hauptstücken in den Kirchen aufgestellt worden, nun aber zumeist nicht mehr in bildlicher Darstellung, sondern in geschriebener Form. Die Lesefähigkeit hatte sich inzwischen weiter verbreitet. Erst recht in reformierten Kirchen gibt es keine bildlichen, sondern nur noch schriftliche Fassungen der Zehn Gebote.

In der zweiten Hälfte des 16. Jahrhunderts ist es öfters vorgekommen, dass eine Gemeinde die Konfession wechselte, also eine bisher lutherische Gemeinde reformiert wurde oder umgekehrt. Wenn sie in ihrer Kirche eine Zehn-Gebote-Tafel hatte, entstand ein Problem: die Fassungen des Dekalogs waren unterschiedlich; im „lutherischen Dekalog" fehlte das Bilderverbot. In Uphusen bei Emden hängt noch heute an der Nordwand neben der Kanzel eine Dekalogtafel, die einmal Teil einer dreiflügeligen Altartafel (Triptychon) gewesen ist; Mose und Aaron präsentieren die beiden Gebotetafeln. Die Zehn Gebote sind dort in Niederländisch nach der „reformierten" Version geschrieben, aber es schimmert noch eine übermalte niederdeutsche, „lutherische" Fassung durch. Was war geschehen? Die Stadt Emden hatte 1596 die bis dahin selbstständige Herrlichkeit Uphusen von dem letzten Erben der strikt lutherischen Häuptlingsfamilie Houwerda angekauft in der Hoffnung, dadurch in den ostfriesischen Landständen einen Platz in der Ritterschaft zu erlangen – eine Hoffnung, die sich nicht erfüllte. Mit dem Herrschaftswechsel war ein Konfessionswechsel verbunden: die bis dahin lutherische Gemeinde wurde reformiert, weil der neue „Landesherr", der Magistrat von Emden, eben reformiert war und nach dem Augsburger Religionsfrieden von 1555 der Landesherr über die Konfession der Untertanen bestimmte. In Pewsum, ebenfalls in Ostfriesland, ging es umgekehrt, nachdem der Graf von Ostfriesland 1565 die Herrschaft von den Manninga erworben und seiner streng lutherischen Gemahlin geschenkt hatte.

Ganz der reformierten Tradition entspricht es, wenn in hugenottischen Kirchen z. B. der reformierten Gemeinden in Celle oder in Schwabach/Franken neben der Kanzel eine Tafel mit den Zehn Geboten hängt. So findet man es im hugenottischen Frankreich, in den reformierten Niederlanden und darüber hinaus. In diesen jüngeren Kirchen des 17. oder 18. Jahrhunderts hat die Präsentation des Dekalogs und seine Rezitation nach der Predigt allerdings noch eine andere Funktion als die eines „Beichtspiegels" oder eines Katechismusstücks früherer Zeiten. In der frühen Neuzeit wurden drei prägende religiöse „Entdeckungen" gemacht: die Entdeckung der „inneren Welt" des Menschen, seiner Empfindungen, Gedanken, Wünsche und Ängste. Des weiteren die Entdeckung, dass sich niemand im Glauben vertreten lassen kann, sondern jeder für sich selbst vor Gott steht. Und als Drittes, dass es auf die ethische Bewährung des Glaubens im alltäglichen Leben ankommt. Die mittelalterliche und weithin die neuzeitliche römisch-katholische

Kirche ist einem großen Schiff (mit einem einzigen „Kapitän", dem Papst) vergleichbar, auf dem viele mitfahren, die selber nur ein eingeschränktes Verhältnis zum religiösen Leben haben; sie glauben, was die Kirche glaubt. Doch die überschüssigen Verdienste der Geweihten, der Ordensleute zumal, die ihr ganzes Leben Gott zum Opfer darbringen, die in den mönchischen Gelübden der Armut, Enthaltsamkeit und des Gehorsams ihren Besitz, ihre Sexualität und ihren Willen Gott opfern, kommen auch den „Mitfahrern" zugute. Aus dem „Schatz der Kirche an guten Werken" leben sie, der von der Hierarchie verwaltet wird. Im Protestantismus gibt es dieses große Schiff nicht mehr. Jeder steht mit seinem Glauben und mit seinem Leben für sich allein vor Gott. Jeder rudert sein eigenes Boot. Weil es nicht nur um den Glauben, sondern genau so um die ethische Bewährung im Alltag geht, in der auch jeder unvertretbar ist, werden ihm die Zehn Gebote als Regeln für das alltägliche Leben sichtbar vor Augen gestellt und so in jedem Gottesdienst, bei jedem Kirchenbesuch eingeschärft.

Auch die evangelische Ausprägung des Christentums ist ambivalent, wie so vieles im Leben. Sie hat den einzelnen Menschen in seinem Glauben, Fühlen und Handeln entdeckt und ernst genommen und damit einen Schritt hin zu Freiheit und Autonomie gemacht. Der Protestantismus ist die Religion der Freiheit. Die andere Seite ist die unvermeidliche Individualisierung auch der Religion. Die Kirche ist für Protestanten nicht das große gemeinsame Schiff, sondern allenfalls eine Flottille vieler kleiner Boote, die in dieselbe Richtung unterwegs sind. Aber jeder ist sein eigener Kapitän, und wenn einer einen besseren Weg zum Ziel zu wissen meint, segelt er seitab. Die konfessionelle Zersplitterung, der Zerfall in kleine und kleinste Gruppierungen, ist das Stigma des Protestantismus. Auch emotional wird von vielen Menschen in der evangelischen Kirche ein Mangel an Gemeinschaft, Nähe und Wärme verspürt. Jeder steht eben für sich allein. Diese mit der Individualisierung gesetzte Distanz lässt sich durch keinerlei Psychotricks wirklich überwinden. Wer Freiheit und Autonomie auch in der Religion bejaht, muss die größere emotionale Distanziertheit im Protestantismus in Kauf nehmen. Es gibt keine Rose ohne Läuse.

34 Heilige Geräte

Als Vasa Sacra, heilige Geräte, bezeichnet man die Teller und Becher, die für die Abendmahlsfeier gebraucht werden, dazu auch die Taufschalen. In Kirchen anderer Tradition treten noch weitere Gerätschaften hinzu; die römisch-katholische Kirche zählt bekanntlich sieben Sakramente, die evangelische hingegen deren zwei. Alle Geräte haben gemeinsam, dass sie für die Feier eines Sakraments gebraucht werden. Regelmäßig sichtbar und deshalb allen Kirchgängern vertraut sowie für touristische Kirchenbesucher wahrnehmbar sind allerdings nur die Taufgeräte, jedenfalls so weit es sich um große, aus Stein oder Metall gefertigte Taufkessel handelt. Sie stehen in der Kirche, meist neben der Kanzel. Die Geräte für die Abendmahlsfeier hingegen führen ein verborgenes Dasein. Nur zu Abendmahlsfeiern sind sie überhaupt sichtbar, und dann nur denen, die am Abendmahlsgottesdienst teilnehmen. Viele Gemeinden feiern nur viermal im Jahr das Abendmahl; und auch dann kommt nur die kleine Schar der Abendmahlsgänger zum Gottesdienst. Nur sie hat die Abendmahlsgeräte schon aus der Nähe gesehen, ja in die Hand genommen – ausgenommen Teilnehmer am Gottesdienst der altreformierten Gemeinde in Veldhausen (Grafschaft Bentheim); dort stehen die Abendmahlsgeräte jeden Sonntag auf dem Tisch, auch wenn keine Abendmahlsfeier stattfindet. Sie halten auf diese Weise das Wissen um die Mahlfeier präsent.

Mit den Abendmahlsgeräten verbindet sich ein Problem, über das selten einer nachdenkt: Wo bekamen die entstehenden evangelischen Gemeinden der Reformationszeit ihre

Abendmahlsgeräte her? Die Kirchengebäude waren vorhanden, die Taufsteine auch; aber die mittelalterlichen Abendmahlsgeräte waren samt und sonders Priestergeräte. Nur der Priester nahm den silbernen Teller (Patene) mit den Hostien in die Hand, die er aus dem ebenfalls silbernen Aufbewahrungsgefäß (Pyxis oder Ziborium) genommen hatte, und legte die Hostie dem knienden Kommunikanten auf die Zunge. Wenn der Priester zum Pastor wurde, besaß er natürlich weiterhin diesen Teller. Aber die reformierte Form der sitzenden Abendmahlsfeier, bei der das Brot von einem zum anderen weitergereicht wurde, erforderte einen größeren Teller. Noch schwieriger war die Lage bei der anderen „Gestalt" des Mahles: dem Wein. Wie bekannt, hatte sich im Laufe des Mittelalters aus Scheu der Gemeindeglieder vor einem Verschütten des „Blutes Christi" die Sitte des Kelchverzichts herausgebildet; nur der Priester kommunizierte den Wein. Dafür verwendete er einen Kelch, einen Priesterkelch mit kleiner Kuppa, da er ja nur für eine Person gebraucht wurde. Der Priesterkelch war zwar weiterhin vorhanden, aber wenn nun alle Abendmahlsteilnehmer auch den Wein nehmen, braucht man größere Becher.

Betrachten wir die Angelegenheit am Beispiel Ostfrieslands. Wie die entstehenden evangelischen Gemeinden dieses Problem gelöst haben, lässt sich nicht exakt ermitteln. Jedenfalls haben sie die erforderlichen Geräte beschafft. Das Material war teils Holz, hölzerne Teller und Becher – in Nachwirkung einer gewissen mittelalterlichen Armutsfrömmigkeit konnte man sich nicht vorstellen, dass Jesus und seine Jünger reich genug gewesen wären, um Geräte aus Edelmetall zu besitzen; und man wollte das Mahl doch genau so feiern, wie Jesus es beim Letzten Mahl getan hat – darum im Sitzen. Teils hat man auch Teller und Becher aus Zinn, Glas oder Ton verwendet – das Porzellan war noch unbekannt. Auffällig ist, dass keine Abendmahlsbecher aus den ersten Jahrzehnten der Reformationszeit überkommen sind. Der älteste ostfriesische Abendmahlsbecher ist von 1584 und gehört der reformierten Gemeinde in Uttum. Im letzten Viertel des Reformationsjahrhunderts jedoch treten geradezu explosionsartig silberne Abendmahlsbecher in Erscheinung.

Sie sind fast immer Stiftungen, sei es einer Häuptlingsfamilie, eines Pastors, eines Kirchenältesten oder einer als Glaubensflüchtlinge zugewanderten, vermögenden niederländischen Familie.

Der Uttumer Abendmahlsbecher von 1584 trägt eine vierzeilige Inschrift: (obere Zeile) DE GESEGENDE KELCK DEN WI SEGENEN IS DAT NICHT DE GEMEENSCHOP DES BLOODES CHRISTI; hier wird 1. Kor 10,16a zitiert; das erweist den Becher für den Kundigen als typisch reformierten Abendmahlsbecher (so auch die Becher in Leer, Critzum und Ditzum). Die zweite Zeile lautet: DESEN BEKER THO DEM H AVENTMAEL IS BEREIT VAN EIN PAVSLICKE KELCK 100 JAREN OLDT – ein Emder Silberschmied schmolz den aus dem 15. Jahrhundert stammenden Priesterkelch ein und fertigte daraus den neuen Silberbecher. Er ist 20 cm hoch und im Bereich der Inschrift vergoldet; ebenso der Fuß und das Innere. Die dritte und vierte Zeile: THOM DENSTE DER GEMENE GODES THO VTTHUM 1584 CONRADO EBENIO PASTORE DERCK IACOBS THO MIDDELTHVM VNDE JOHAN MERTENS KERCK ADVOCATEN IN VITTUM. Der Pastor und die zwei Kirchvögte der Gemeinde haben diesen Becher gestiftet; im selben Jahr wurde auch der Dreisitz angefertigt, auf dem die drei: Pastor und Älteste, bei der Mahlfeier nebeneinander gesessen haben.

Aus dieser Zeit stammen weitere sieben Silberbecher, die allesamt Inschriften aufweisen: 1586 wird in der Uttum benachbarten Herrlichkeit Jennelt ein prächtig ziselierter Silberbecher mit Deckel angefertigt, ebenfalls die Umarbeitung eines Priesterkelches, ebenfalls vom Pastor und zwei Ältesten gestiftet, wie die Inschrift bekundet. 1586 stiften in Hatzum (Rheiderland) Angehörige der Häuptlingssippe Isempt einen Becher, in dessen Inschrift es u. a. heißt: HERE BEWARE DE VERSAMLINGE DEINER GEMEENTE; die Bitte um Bewahrung der Gemeinde taucht typischer Weise auf den Schriftaltären mit den Einsetzungsworten und auf den Dreisitzen auf. Zu der Erwählung der Gemeinde nach calvinistischem Verständnis gehört auch die „Gabe der Perseveranz", der Beständigkeit, des Bewahrtwerdens im Glauben. 1588 wird in Leer vom dortigen Pastor Gellius Faber ein Silberbecher gestiftet; 1588 stiftet in Grimersum ein holländisches, aus Groningen geflüchtetes Ehepaar einen kleineren Becher; 1592 stiften in Wirdum zwei Kirchvögte einen großartigen Becher, in dem sie stolz ihre Hausmarken anbringen lassen. Schließlich hat der reformierte der beiden gräflichen Brüder, Graf Johann von Ostfriesland, der Gemeinde Emden 1584 zwei gleiche Becher mit Gravuren und dem Cirksena –Wappen für die Armenspeisung gestiftet. Dahinter steht ein Brauch, der in einer ostfriesischen Kirchenordnung aus dem 16. Jahrhundert so beschrieben wird: „Die diaken aber samlen die almosen an der kirchentür und teilen das uberbliebene brot und wein den armen der gemeine auß, sonderlich denen, so krank oder alt sind". Neben der Sammlung der Kollekte am Ausgang werden von den Diakonen die übrig gebliebenen Abendmahlselemente unmittelbar nach dem Gottesdienst den Armen zu essen bzw. zu trinken gegeben. Weder wird das Brot aufbewahrt und der Anbetung ausgesetzt, wie in der mittelalterlichen Kirche die Hostie, noch wird es vom Priester gegessen; auch der Wein wird nicht vom Pastor ausgetrunken, sondern alles geht nach der Mahlfeier an die Armen, die vielleicht gar keine Abendmahlsgänger waren. Brot und Wein waren nur während der Mahlfeier eine „besondere Speise"; danach nicht mehr. Das heute die Ökumene bewegende Problem, wie mit den übrig gebliebenen Abendmahlselementen „würdig" umzugehen sei, konnte nicht entstehen, denn es blieb nichts übrig. Es wurde alles an die Armen gegeben.

Warum aber werden gerade im letzten Viertel des 16. Jahrhundert so viele kostbare Abendmahlsgeräte beschafft? Sie waren teilweise Umarbeitungen alter Priesterkelche, und die waren schon lange im Besitz der Gemeinden bzw. der Pastoren, die darum so oft als Stifter auftreten. Warum geschieht das gerade jetzt, zu derselben Zeit, in der auch die Umgestaltung der Abendmahlsräume in Festsäle mit Dreisitz und herrschaftlicher Ausstattung vonstatten geht?

Es hängt mit einem Wandel des Abendmahlsverständnisses zusammen und ist gleichsam dessen äußerlich sichtbare Dokumentation. Die Abendmahlsauffassung der Reformierten in Ostfriesland war bis über die Mitte des Reformationsjahrhunderts hinaus mehr oder weniger durch Zwingli geprägt. Das Abendmahl war „Gedächtnismahl". Dem entsprechend wurden die Abendmahlsräume und -geräte so schlicht gestaltet, wie man es für das Letzte Mahl Jesu mit seinen Jüngern annahm. Im letzten Drittel des 16. Jahrhunderts jedoch setzte sich in Ostfriesland die Abendmahlslehre Johannes Calvins durch: In der Feier des Mahles geschieht eine wirkliche Vereinigung der Gläubigen mit Christus; jedoch nicht so, dass Christus vom Himmel herabkommt und in Brot und Wein „unsichtbar" gegenwärtig ist, sondern so, dass die Herzen der Gläubigen durch die Kraft des Heiligen Geistes in den Himmel erhoben und dort mit Christus auf mystische Weise vereinigt werden. Dieser Wandel in der Abendmahlslehre hat sich auf die Gestaltung der Abend-

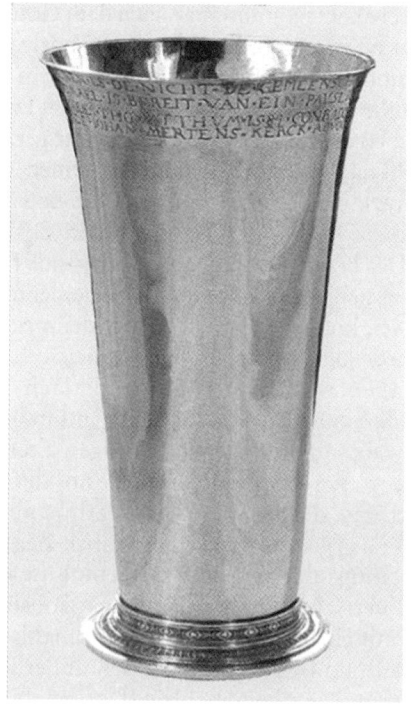

Abendmahlsbecher von 1584 (Uttum)

mahlsräume und der „heiligen Geräte" ausgewirkt: der Abendmahlsraum wird nun als „himmlischer Festsaal" gestaltet, das Brot wird von „himmlischen Tellern" gegessen, der Wein aus „himmlischen Bechern" getrunken; darum braucht man nun Geräte aus Edelmetall. Überall steht bei der äußeren Gestaltung die Darstellung des himmlischen Thronsaals in der Offenbarung des Johannes im Hintergrund. Man orientiert sich nicht mehr an dem Letzten Mahl Jesu, sondern an dem kommenden Heilsmahl des Reiches Gottes, in dem „das Hochzeitsmahl des Lammes" gefeiert wird. Das Abendmahl ist „Vorausdarstellung" der himmlischen Herrlichkeit: „Selig ist, wer zum Abendmahl des Lammes berufen ist." (Offb Joh 19,9)

Warum aber ist der Abendmahlsbecher von Uttum *innen* vergoldet und nicht außen, wo man es doch viel schöner sieht? Das erklärt sich aus der Praxis. Wenn der Abendmahlsgast im Festsaal Christi zu Tische sitzt, den Becher mit Wein nimmt und ihn an die Lippen setzt, dann schauen seine Augen in den Becher hinein und sehen dort – die Farbe des himmlischen Jerusalem, der kommenden Stadt Gottes, der „Stadt aus reinem Gold." (Offb Joh 21, 18)

Da sage noch einer, die Reformierten hätten keinen Sinn für Symbole.

35 Die Sakramentsnische

Wer die Kirche von (Klein-)Midlum in Ostfriesland betritt, findet sich in einem rechteckigen Gemeinderaum wieder, an dessen östlicher Seite über dem ehemaligen Lettner, wie so oft, eine Orgel steht. Die von Midlum stammt aus dem 18. Jahrhundert und ist ein wohlklingendes Instrument. Wer unter ihr hindurchgeht, gelangt in den ehemaligen Altarraum der Kirche, eine halbrunde Apsis. Ein Altar steht dort schon lange nicht mehr; es ist eine reformierte Kirche. Die Gemeinde nutzt den schönen kleinen Raum heute für Trauungen oder Andachten. Vom Gemeinderaum aus gesehen rechts des verschwundenen Altars befindet sich in der Wand ein kleines, heute verglastes Fenster: ein Hagioskop, das einst den Blick von außen auf den am Altar zelebrierenden Priester erlaubte. Links von dem ehemaligen Altar hingegen sieht man eine Aussparung in der Wand, offenbar kein zugemauertes Fenster, sondern eine kleine Wandnische. Heute ist sie offen; ursprünglich wird sie mit einer hölzernen Tür oder einem schmiedeeisernen Gitter verschlossen gewesen sein. Es ist eine Sakramentsnische, ein Wandtabernakel, wie man es auch aus anderen mittelalterlichen Kirchen kennt.

Im Jahr 1215 trat im Palast des Bischofs von Rom auf dem Lateranhügel – jeder Papst ist zugleich Bischof von Rom – ein Konzil der abendländischen Christenheit zusammen. Weil es das vierte Mal an dieser Stelle tagte, nennt man es das IV. Laterankonzil. Es gab Streit in der Kirche. Die Theologen diskutierten über das rechte Verständnis der Messe, des Abendmahls. Da wird Brot gegessen und Wein getrunken; und zugleich werden der Leib Christi und sein Blut ausgeteilt. Wie gehört das zusammen; wie lässt sich das denken? Das Konzil entschied: Wenn der Priester in der Messe die Worte Christi rezitiert, mit denen er das Abendmahl einsetzte, dann wandelt sich das Brot in den Leib Christi und der Wein in sein Blut. Das kann man mit den bloßen Augen nicht erkennen; das Brot sieht noch immer wie Brot aus und der Wein wie Wein. Aber in Wahrheit, in ihrem Wesen wurden sie verwandelt; sie sind nur noch äußerlich Brot und Wein, sehen so aus, schmecken so. Aber in ihrem Wesenskern, in ihrer Substanz, sind sie nicht mehr Brot und Wein, sondern Leib und Blut Christi. In der Feier der Messe wandelt der geweihte Priester die Substanz von Brot und Wein in die Substanz von Leib und Blut Christi. Das vollzieht sich, wenn in der Messe die Glöckchen zum Klingen gebracht werden. Transsubstantiationslehre nennen das die Theologen, die Lehre von der Wandlung der Substanzen. Die römisch-katholische Kirche lehrt noch heute so; die evangelischen Kirchen nicht.

Die Entscheidung des Konzils hatte Konsequenzen. Eine davon war die Stiftung des Fronleichnamsfestes. Da wird ein Stück Brot, das kein Brot mehr, sondern nun der Leib Christi ist, eine Hostie, in einem goldgeschmückten gläsernen Gefäß, einer Monstranz, öffentlich gezeigt und umher getragen. Es ist „der Leib des Herrn": „Leichnam" war damals gleichbedeutend mit „Leib", und das alte Wort „fro" bedeutet „Herr". Es steckt auch in dem Wort „Frondienst" oder „frönen"; wer Frondienst leistet, arbeitet an diesem Tag nicht für sich, sondern für seinen Grundherrn, den Adligen, dem aller Grund und Boden im Dorf gehört.

Eine andere Konsequenz war, dass man mit den „Abendmahlselementen", der geweihten Hostie und dem gewandelten Wein, nicht mehr so umgehen konnte wie bisher. Ursprünglich waren sie nach der Messe an die Armen verteilt worden, als „Armenspeisung". Die reformierten Kirchen der Reformationszeit haben diesen altkirchlichen Brauch oft wieder aufgenommen: Nach dem Gottesdienst verteilten die Diakone die übrig gebliebenen „Elemente" der Abendmahlsfeier an die Armen; der Wein wurde speziell den Kranken ins

Haus getragen, weil doch Paulus an Timotheus geschrieben hat: „Trinke nicht mehr nur Wasser, sondern nimm ein wenig Wein dazu um des Magens willen, und weil du oft krank bist." (1. Timotheus 5,23) Wenn aber laut der Entscheidung des Konzils Brot und Wein nun Leib und Blut Christi sind – und auch nach dem Gottesdienst bleiben! –, dann kann man sie nicht mehr wie normale Lebensmittel behandeln und einfach an die Armen verteilen. Eine weitere Folge war, dass die „Laien" nun eine Scheu entwickelten, von dem Abendmahls- oder Messwein zu trinken, aus Furcht, sie könnten etwas von dem Blut Christi verschütten. So kam es zum besagten „Kelchverzicht": Nur der Priester trank noch den Wein, die Gläubigen hingegen empfingen an der Chorschranke nur das Brot, eine Oblate mit aufgeprägtem Christusbild; es wurde ihnen vom Priester auf die Zunge gelegt, damit sie es nicht etwa mit ihren Händen entweihten.

Wenn nun von der Messfeier Hostien übrig bleiben, was tut man damit? Man bewahrt sie auf. Der Priester nimmt sie mit, wenn er einen Kranken zur Krankensalbung (später „Letzte Ölung" genannt) und zum Krankenabendmahl aufsucht. Zum Aufbewahren aber braucht man einen Aufbewahrungsort, ein Tabernakel. „Tabernakel" heißt „Zelt"; gemeint ist ursprünglich das heilige Zelt, die „Stiftshütte", die die Israeliten auf dem Weg von Ägypten in das Gelobte Land mit sich führten, ein Zeltheiligtum. Es war das „Zelt der Begegnung", Ort der Gegenwart Gottes. So ist Christus in der Hostie gegenwärtig, und die wird in einem „heiligen Zelt", einem Tabernakel oder „Hostienschrein", aufbewahrt. Der (oder: das) Tabernakel konnte und kann frei im Raum stehen; gotische Tabernakel haben oft die Form eines reich mit Maßwerk verzierten Türmchens. Auch auf dem Altar können die Hostien in einem Tabernakel aufbewahrt werden – das ist der Grund, weshalb römisch-katholische Gläubige beim Betreten der Kirche eine Kniebeugung als Geste ehrfürchtigen Grußes zum Altar hin ausführen; der Gruß gilt dem Leib Christi, also Christus, der in der Hostie gegenwärtig geglaubt wird. Evangelische Christen sollten das wissen und beim Betreten einer römisch-katholischen Kirche respektvoll mit den Überzeugungen ihrer katholi-

Wandtabernakel (Weener)

schen Mitchristen umgehen und nicht willkürlich kreuz und quer vor dem Altar umher laufen. Schließlich: Als Tabernakel konnte (und kann) auch eine Wandnische dienen, ein Wandtabernakel, wie es in der Kirche von Midlum und andernorts noch erhalten ist.

36 Ostern in Weiß

In den reformierten Kirchen Deutschlands findet man sie selten, fast nur in Kirchen, die sich in der Gestaltung des Kirchenraums bewusst oder unbewusst ihrer – meist lutherischen – Umgebung annähern: die Paramente. Ursprünglich versteht man darunter die liturgischen Gewänder der Priester bzw. Pfarrer sowie jegliche Bekleidung des Altars, der Kanzel und u. U. auch des Taufsteins mit textilen Decken oder Vorhängen, auch die Umhüllung eines steinernen Altars mit Vorsatzantependien aus Gold- oder Silberblech. Heute meint man im evangelischen Bereich mit Paramenten nur noch die textilen Vorhänge vor Kanzel und Altar, seltener auch vor einem Lesepult, also die Antependien.

Während die Reformierten in der Reformationszeit mit dem Altar auch die liturgischen Gewänder und die Antependien abschafften, behielten die lutherischen Kirchen die Paramente bei. Sie betrachteten sie als Adiaphoron, als Angelegenheit, mit der man es halten kann wie man will, weil von ihr keine Verführung zum Missbrauch oder Aberglauben ausgeht. Doch kamen im 17. und 18. Jahrhundert, jedenfalls im deutschen Luthertum, die liturgischen Gewänder der Pfarrer außer Gebrauch – nicht weil man den Reformierten plötzlich Recht geben wollte, sondern weil Pietismus und Aufklärung sie als „klerikal" denunziert hatten. An ihre Stelle trat dann zu Anfang des 19. Jahrhunderts auf königlich-preußische Anordnung der bekannte schwarze Talar. Als Kanzel- und Altarbekleidung verwendete man nun fast nur noch schwarze Stoffe, oftmals mit eingesticktem Kreuz. In der römisch-katholischen Kirche blieben die liturgischen Gewänder selbstverständlich erhalten; doch hier kamen die Antependien vor Kanzel und Altar außer Gebrauch. Wer darum heute eine Kirche betritt und Antependien vor Kanzel und Altar erblickt, kann ziemlich sicher sein, sich in einer evangelischen Kirche zu befinden.

Wie ein Antependium auszusehen hat, ist heutzutage liturgisch festgelegt. Als Material wird durchweg Leinen verwendet. Darauf kann ein kurzer Satz oder ein Symbol eingestickt sein, z. B. das Kreuz oder die Taube als Symbol des Heiligen Geistes oder eine Kornähre oder Ähnliches. Auch die Farbgebung ist festgelegt; es werden die fünf liturgischen Farben verwendet: violett in den „Bußzeiten" des Kirchenjahres, Advent, Passionszeit, Karfreitag (kann auch schwarz sein), Buß- und Bettag; weiß an allen Christusfesten: Heiligabend, Christfest (Weihnachten) bis Epiphanias und am letzten Sonntag nach Epiphanias (Fest der Verklärung Christi), Gründonnerstag, Ostern und den Sonntagen nach Ostern, Christi Himmelfahrt, Trinitatis, Totensonntag sowie an Michaelis (29. September „Tag des Erzengels Michael und aller Engel") und am Tag der Geburt Johannes des Täufers (24. Juni); grün an den Sonntagen nach Epiphanias mit Ausnahme des letzten, den drei Sonntagen vor Aschermittwoch und den Sonntagen nach Trinitatis bis zum Ewigkeitssonntag; rot zu Pfingsten sowie an allen Apostel- und Märtyrertagen, sofern diese gottesdienstlich begangen werden, am Reformationstag und anderen Gedenktagen, am Konfirmationssonntag und an besonderen Tagen: Bittgottesdienst für die Einheit der Kirche (28. Mai), Bittgottesdienst um Frieden und um den Schutz des Lebens (12., 19. oder 22. November). So weiß man immer, was an der Zeit ist.

Die Farbe der Antependien orientiert sich mithin am Kirchenjahr, wie die Ordnung der Predigttexte, der Lesungen und die Lieder. Die Reformierten haben in der Reformationszeit diese Orientierung aufgegeben. Sie sangen nur die Psalmen, sie predigten ein biblisches Buch in fortlaufender Folge und darum ggf. zu Weihnachten über die Heldentaten Simsons, wenn das gerade an der Reihe war. Gottesdienstliche Schriftlesungen gab es ursprünglich nicht, und die Gottesdienstform ohne Wechselgesänge kannte die Unterscheidung von feststehenden und wechselnden Stücken (Ordinarium und Proprium) nicht. Doch haben auch die Reformierten wie alle anderen Christen zu Weihnachten Weihnachten und zu Ostern Ostern gefeiert. Die großen Feste des Kirchenjahres wurden selbstverständlich begangen. Insofern ist es nur bedingt richtig, wenn Reformierte heute die Orientierung am Kirchenjahr als verkehrt oder zumindest als „nicht reformiert" hinstellen und dafür manchmal recht steile theologische Argumente bemühen. Zweifellos hat die Aufgabe der Bindung an die „vorgeschriebenen Predigttexte" (Perikopen) die begrüßenswerte Folge gehabt, dass das biblische Zeugnis in einer größeren Breite im Gottesdienst laut werden konnte, insbesondere auch das Alte Testament. Das war und ist auch heute gut. Aber es wäre doch befremdlich, wenn zu Weihnachten keine Weihnachtslieder und zu Ostern keine Osterlieder gesungen werden sollten. Die Grundorientierung an den „großen Taten Gottes", die im Laufe des Kirchenjahrs „alle Jahre wieder" geschieht, ist jedenfalls nicht unbiblisch; immerhin hat auch das alte Israel einen jährlich wiederkehrenden Festkalender beobachtet, und das synagogale Judentum tut es noch heute, auch wenn man den aus gutem Grund nicht als „Kirchenjahr" bezeichnet. So meine ich, dass dies nicht die Stelle ist, an der die „konfessionelle Identität" der Reformierten infrage steht – was immer das sein mag.

Insofern gäbe es keinen Anlass zu konfessioneller Besorgnis, wenn eine reformierte Gemeinde in ihrer Kirche Antependien verwendet. Weil wir keinen Altar haben und man vor einen Abendmahlstisch kein Antependium hängen kann, könnte man sie in unseren Kirchen allerdings nur an der Kanzel anbringen. Man könnte das tun. Ich gestehe jedoch freimütig, dass ich Antependien in unseren Kirchen bisher noch nicht vermisst habe und in der Zukunft – in aller evangelischer Freiheit – auch nicht vermissen werde.

überdacht werden. Nur Gemeinderaum zu sein, ist heute zu wenig. Die Kirche muss sich öffnen für die persönliche Frömmigkeit, für den Gottesdienst des Einzelnen, seine Andacht, sein Beten, für Stille und Meditation. Unsere Kirchenräume sind darauf weithin noch nicht eingestellt; das bloße Öffnen der Kirchentür unter der Woche wäre zu wenig. Vielleicht könnten die Gemeinden die ehemaligen Altarräume, die heute so oft ungenutzt unter bzw. hinter der Orgel vorhanden sind, zu einem Andachtsraum für den „Gottesdienst des Einzelnen" oder einer Kleingruppe umgestalten, und zwar so, dass er zugleich dem einzelnen Menschen einen angemessenen und hilfreichen Rahmen bietet und doch nicht verleugnet, dass er sich in einem reformierten Kirchengebäude befindet.

Im Übrigen brauchen sich die reformierten Kirchen nicht zu schämen, dass sie so deutlich für den Gottesdienst der Gemeinde konzipiert sind. Wie eine Kirche sich verwandelt, wenn eine zahlreiche Gemeinde darin versammelt ist, singt, betet, hört – das kann jeder am nächsten Sonntag selbst studieren. Er lernt dann eine Atmosphäre kennen, die ein touristischer Rundgang nicht zu bieten vermag. Reformierte Kirchen können die Woche über kalt und leblos wirken. Wenn eine Gemeinde darin versammelt ist, dann sind sie wirklich schön.

innere Unterteilung in Predigtraum und Abendmahlsraum aufweisen, sind sie immer „Versammlungsraum" für eine Gemeinde, auch wenn diese nur aus den berühmten „zwei oder drei" bestehen sollte, von denen im Evangelium gesprochen wird (Matthäus 18,20). Doch der einzelne Mensch, der zu persönlicher Andacht und Besinnung die Kirche aufsucht, findet dort keinen Ort. Der „Gottesdienst des Einzelnen" kann hier nicht stattfinden. Das ist die Schwäche, das Defizit des reformierten „Konzepts" einer Kirche. Selbst eine kleine Gruppe, die sich zu einer Morgen- oder Abendandacht versammeln will, kommt sich hier eigentümlich verloren vor.

Nichts ist ohne Grund. Das reformierte Konzept der ausgeprägten „Gemeindekirche" hat ein notwendiges Pendant, durch das es ins religiöse Gleichgewicht kommt. Das ist die Hausandacht. Der Kirchenraum ist für den öffentlichen Gottesdienst konzipiert; die private, persönliche Frömmigkeit findet im Haus statt. Sie ist, verstärkt durch die in der Mitte des 17. Jahrhunderts entstehende Frömmigkeitsbewegung des Pietismus, auf die Bibel, den häuslichen Psalmengesang und damit das Gesangbuch, den Reimpsalter, und auf das Gebetbuch konzentriert. Hier findet der „Gottesdienst des Einzelnen" statt. Was für gut katholische Christen, vor allem in Süddeutschland, das Kruzifix in der guten Stube, im „Herrgottswinkel", und der Rosenkranz ist, das sind für den guten Reformierten die Bibel und der Reimpsalter und die Hausandacht. Doch die Hausandacht ist im Schwinden, sie wurde von der Allgegenwart des Fernsehers verdrängt. Sie ist eine anspruchsvolle Form der Frömmigkeit; sie erfordert Stetigkeit und Disziplin. Viele Menschen pflegen jedoch kein kontinuierliches religiöses Leben; ihre Frömmigkeit äußert sich je und dann, von Zeit zu Zeit, so wie es ihrem Befinden entspricht. Dazu brauchen sie Hilfestellung: durch den umgebenden Raum, durch ein Symbol wie z. B. eine Kerze, durch ein Andachtsbild. Darum gehen sie in eine Kirche; nicht zum Gottesdienst am Sonntagmorgen, sondern zu privater Andacht und Besinnung.

Wie lässt sich dieses Bedürfnis der Menschen sachgemäß und hilfreich aufnehmen? Mir scheint, das Raumkonzept evangelischer und insbesondere reformierter Kirchen muss

38 Die Gemeinde

Das Wichtigste kommt oft zuletzt. So auch bei unserem Rundgang durch eine evangelisch- reformierte Kirche. Was wäre eine Kirche ohne die Gemeinde, die sich darin versammelt? Ein Museum. Was wäre ein Kirchengebäude, in dem kein Gottesdienst mehr gehalten wird? Ein Baudenkmal, ein Kulturgut, bestenfalls. Man kann es besichtigen, bestaunen, bewundern, doch wirklich schön ist das Gebäude erst, wenn darin religiöses, gottesdienstliches Leben stattfindet. Eine Kirche ohne Gemeinde ist eine tote Kirche. Wie eine Orgel, die nicht mehr spielt. Man kann ihren Anblick bewundern, ihre technische Perfektion bestaunen, kann sich auch ihre vielfachen musikalischen Möglichkeiten ins Gedächtnis rufen. Doch was eine Orgel wirklich ist, kommt erst dann zum Vorschein, wenn sie spielt.

Wir haben unseren Rundgang unternommen, wie Touristen eine Kirche besichtigen. Das ist erlaubt; es kann interessant und lehrreich sein. Es gibt hier so viel zu sehen, selbst in einer reformierten Kirche, von der manche meinen, außer einer Kanzel und einigen Kirchenbänken sei da nichts zu finden. Kirchen sind oft auch Objekte der Kunstgeschichte und als solche Kulturträger ersten Ranges. Ihre Türme und hoch ragenden Dächer können die Silhouette eines Ortes prägen; der Klang ihrer Glocken ist allemal angenehmer als der übliche Verkehrslärm, und die Stille ihres Innenraums lädt ein zu Andacht und Besinnung. Doch was eine Kirche wirklich ist, kommt erst dann zum Vorschein, wenn Gottesdienst ist.

In besonderer Weise gilt das für reformierte Kirchen. Sie sind als „Gemeinderäume" konzipiert. Selbst wenn sie eine dezu darauf. Arme Menschen und „arme Kirchen" wurden hinsichtlich der Almosen gleichgestellt. Das „gute Werk" des Almosengebens würde dem Spender im Jenseits helfen, denn die Armen würden für ihn beten, und der Heilige, dem die Kirche geweiht war, für die man spendete, würde auch für den frommen Stifter eintreten, um die Zeit im Fegefeuer für ihn möglichst zu verkürzen.

Ein anderes und sehr menschliches Motiv der Stifter und Spender war sicherlich, sich damit einen Namen zu machen, soziale Anerkennung zu erwerben. Vor allem in der frühen Neuzeit trat diese Absicht nach vorn. Das dritte Motiv hingegen war in einem tiefen religiösen Empfinden verankert: man spendete für Arme oder für die Kirche aus Dankbarkeit, nämlich aus Dankbarkeit für das Geschenk der göttlichen Gnade, die uns durch Christus zuteil geworden ist.

So mischen sich unterschiedliche Anlässe und Motivationen, und es ändern sich die äußeren Gewohnheiten, ob man also seinen Namen an einem gestifteten Gegenstand sichtbar anbringen lässt oder nicht doch lieber anonym bleibt. Beides muss man achten und respektieren. Wenn nicht alles täuscht, werden die Kirchen ebenso wie das kulturelle Leben in der Zukunft wieder viel mehr als in der unmittelbaren Vergangenheit darauf angewiesen sein, dass sich Menschen finden, die aus ihrem Vermögen mittelbar oder unmittelbar durch Spenden oder durch Errichtung einer Stiftung helfen, die gemeinsamen Aufgaben zu bewältigen und eben auch zu finanzieren. Was einmal möglich, aber auch notwendig war, kann wieder ebenso notwendig, aber auch ebenso möglich werden.

Heutzutage finden es manche unpassend, sich selbst so in den Vordergrund zu stellen. Jedenfalls in der Kirche. Im täglichen Leben sind wir es längst gewohnt, die Namen der „Sponsoren" unübersehbar auf Gebäuden, Gegenständen, sogar auf Trikots und Mützen „am Mann" zu lesen, nicht nur im Sport, sondern auch im Bereich der „hohen Kultur"; hier nur etwas dezenter gestaltet. Doch noch immer würden die meisten es als unpassend empfinden, wenn an einer neuen Kanzel oder Orgel gut sichtbar zu lesen wäre, wer sie gestiftet hat. Wie kommt das? – Es hängt wohl damit zusammen, dass in der unmittelbaren Vergangenheit, also etwa den letzten 150 Jahren, das Stiften und Spenden sich überwiegend dem sozial-karitativen Bereich, der Diakonie oder der Mission zugewandt hat und man dort, wo es um unmittelbare Hilfe für Menschen ging, eher anonym helfen wollte, um den Empfänger nicht zu beschämen. Hier ging es nach dem Bibelwort, dass die linke Hand nicht wissen soll, was die rechte tut. (Matthäus 6,3) Das ist auch richtig so.

Auch früher hat man für hilfsbedürftige Menschen gespendet, hat Almosen für die Armen gegeben, wie man das damals nannte, und hat das auch früher getan, ohne ein Aufheben davon zu machen. Zwischenzeitlich hat sich nur geändert, dass nicht mehr so wie in vergangenen Jahrhunderten für das Kirchengebäude oder seine Ausstattung Spenden oder Stiftungen getätigt werden. Das mag damit zusammenhängen, dass einerseits die Gebäude nun schon dastehen und komplett ausgestattet sind, andererseits mit dem Aufkommen der Kirchensteuer auch nicht mehr die unmittelbare Notwendigkeit bestand, hierfür zu spenden. Früher war jede Gemeinde finanziell auf sich allein gestellt. Der Bau und die Erhaltung einer Kirche mussten von den „Kirchgenossen" gemeinsam ins Werk gesetzt werden. Da war man dankbar erfreut, wenn einzelne, die es konnten, durch Stiftungen etwas Gutes für die Allgemeinheit taten.

Warum taten sie es? Für die Armen hat man schon immer gespendet. Doch im Laufe des Mittelalters kam die Ansicht auf, dass man auch für die Ausstattung der Kirchengebäude spenden sollte wie für einen armen Menschen. Auch das sei ein „gutes Werk", und „die armen Kirchen" warteten gera-

37 *Christliche Bescheidenheit*

In seiner Landesbeschreibung Ostfrieslands erwähnt der Historiker Ubbo Emmius gegen Ende des 16. Jahrhunderts das „hervorragende Heiligtum", das er zu Bunde/Ostfriesland vorgefunden hat. In der Tat ist diese heute reformierte Kirche ein bemerkenswerter Bau, besonders durch ihre mächtigen Kreuzarme, die der ursprünglich einschiffigen Kirche nachträglich angefügt wurden. Im Giebelfeld eines dieser Kreuzarme, natürlich dem, der zum Ort hinweist, findet sich in das rote Backsteingemäuer eingelassen eine mit gelben Backsteinen ausgeführte, übermannshohe Schrift, die die Namen der „Kerkvoogden" verkündet, unter deren Regie seinerzeit die Erweiterung der Kirche vonstatten ging (s. o. S. 9). Generation um Generation wird so seit Jahrhunderten tagtäglich ins Gedächtnis gerufen, was jene Männer einst segensreich für die Allgemeinheit ins Werk gesetzt haben.

Wer einmal darauf aufmerksam geworden ist, findet vergleichbare Inschriften überall wieder, nicht nur an Kirchengebäuden und Türmen, sondern auch an Orgeln, Kanzeln, Kirchenuhren, Kronleuchtern, Taufschalen, Abendmahlstischen und Abendmahlsgeräten. Wenn es Bilder in der Kirche gibt, findet man oft die Stifter mit ihrer Familie als kleine Gestalten knieend im Vordergrund, auf der einen Seite die Männer, auf der anderen die Frauen. Es ist erstaunlich, wie viel an Bauwerken und Ausstattungsgegenständen sein Vorhandensein dem Wirken frommer Stifter verdankt. Wie ärmlich müsste manche Kirche dastehen, wenn es solche Wohltäter nicht gegeben hätte! Und sie alle handelten nach der Devise: Tue Gutes und rede darüber!